JN114084

山本浩司の
automasystem

プレミア 3

不動産登記法

Wセミナー 専任講師 **山本浩司**

早稲田経営出版
TAC PUBLISHING Group

はしがき

　本書では、司法書士試験の学習者が合格する力をつけるための基本事項を整理しています。

　不動産登記の理解に必要な事項をなるべく視覚的に、また、読者の印象に残りやすいようにポイントをあげて解説しています。

　また、不動産登記法にとどまらず、その背景にある民法の理解や、これに関連するほかの法律との関連性についても、なるべく詳しく記載していますので、初心者から上級者まで合格に必要な力を無理なく養成することができます。

平成24年11月

山本浩司

第8版　はしがき

　このたび、最新の改正法を反映させて、また、新しい判例・先例の追加などを行い、その他の記述の整備を行って第8版を刊行させていただきました。

　司法書士試験の合格、そして、みなさまのご活躍を心よりお祈り申し上げております。

令和6年4月

山本浩司

【目次】

第1部

総　　　論

第1章 ‖ 申 請 人

以下、基本的な用語について整理をしておこう。

1．登記権利者

権利に関する登記をすることにより、登記上、直接に利益を受ける者をいい、間接に利益を受ける者を除く（不動産登記法2条12号）。

2．登記義務者

権利に関する登記をすることにより、登記上、直接に不利益を受ける登記名義人をいい、間接に不利益を受ける登記名義人を除く（不動産登記法2条13号）。

→登記義務者は、「登記名義人」を意味することに注意のこと。つまり、登記簿に権利者として載っていない者は、登記義務者といわないのである。

3．登記名義人

登記記録の権利部に、不動産登記法3条各号に掲げる権利について権利者として記録されている者をいう（不動産登記法2条11号）。

なお、申請人は、登記権利者および登記義務者とは、別の概念である。司法書士に委任状を交付する者を申請人と考えるとよい。

たとえば、代位による登記をするとき、代位者は申請人、代位の登記により登記名義人となる者（被代位者）が、登記権利者である。

4．共同申請主義

権利に関する登記の申請は、法令に別段の定めがある場合を除き、登記権利者および登記義務者が共同してしなければならない（不動産登記法60条）。

→単独申請は、法令または通達に別段の定めがある場合に認められる。

《関連事項》合同申請

　登記権利者と登記義務者の区別なく、申請人全員が共同して申請をするケースがある。

　これが、合同申請である。以下のものがある。

　1．共有物分割禁止の特約による所有権変更登記（不動産登記法65条）

　2．抵当権の順位変更の登記（不動産登記法89条1項）

　3．根抵当権の共有者間の優先の定めの登記（不動産登記法89条2項）

　なお、合同申請は登記法上の用語ではない。司法書士試験の問題中では、「登記権利者又は登記義務者として観念されない登記名義人が共同でする申請」と表現されている（H22－22）。

1 相続人その他の一般承継人による登記

設問1
相続人その他の一般承継人による登記とは何か？

　登記権利者、登記義務者または登記名義人が権利に関する登記の申請人となることができる場合において、当該登記権利者、登記義務者または登記名義人について相続その他の一般承継があったときは、相続人その他の一般承継人は、当該権利に関する登記を申請することができる（不動産登記法62条）。

　上記が、相続人その他の一般承継人による登記の定義条文である。

◀ポイント▶　相続人による登記ができる場合

　「登記権利者、登記義務者または登記名義人が権利に関する登記の申請人となることができる場合」にすることができるのが、相続人による登記である。

　→登記義務者または登記名義人の死亡後に、登記原因が発生した場合には、相続人による登記はすることができない。この場合、いったん相続登記を経る必要がある。

次の2つの事案で、その相違を整理しておこう。

❖事案1❖

X銀行に対し、設定者（債務者）の甲が被担保債権の全額の弁済をした後に、X銀行がY銀行に合併されたケース。

次の1件の申請をする。

1／1

登記の目的	何番抵当権抹消
原因	年月日弁済
権利者	甲
義務者	X銀行権利義務承継会社　Y銀行　代表取締役何某

❖事案2❖

X銀行がY銀行に合併された後に、Y銀行に対し、設定者（債務者）の甲が被担保債権全額の弁済をしたケース。

次の2件の申請をする。

1／2

登記の目的	何番抵当権移転
原因	年月日合併
抵当権者	（被合併会社X銀行）Y銀行　代表取締役何某

2／2

登記の目的	何番抵当権抹消
原因	年月日弁済
権利者	甲
義務者	Y銀行　代表取締役何某

●展開●　相続の効力

　相続人は、相続開始の時から、被相続人の財産に属した一切の権利義務を承継する。ただし、被相続人の一身に専属したものは、この限りでない（民法896条）。

　→登記請求権、登記義務は、いずれも相続人に包括承継される。この原理を不動産登記法の世界で具体化したのが、相続人による登記である。

設問2

　　登記原因が発生した後に、登記義務者が死亡した場合、その相続人全員を申請人として登記を申請すべきものとされる理由は何か？

　登記義務は、相続人全員の**不可分債務**となるからである。

　以下、登記義務者が死亡した場合の登記申請手続について整理する。

1．遺産分割により、登記義務を共同相続人中の1人に承継させることはできない（昭34.9.15－2067）。

2．特別受益者は、登記義務を承継し、他の共同相続人と共に申請人となる（質疑登研194P73）。

3．相続放棄者は相続人ではないから、申請人とはならない（質疑登研258P74）。

　　→欠格者、廃除者も同様である。

参考先例

　登記義務者のうち、1人を相手方として、所有権移転登記を申請する旨の裁判上の和解が成立した場合、登記権利者はその和解調書に基づいて単独で登記を申請することができない（昭33.5.29－1086）。

　被相続人が生前に相続人の1人に不動産を贈与したときは、受贈者を登記権利者とし、受贈者を含む登記義務者の相続人全員と共同で申請する（質疑登研85P40）。

　登記権利者が登記義務者の相続人を被告として判決を得て、単独で登記を申請するときは、申請情報と併せて申請人が相続人全員であることを証する

情報を添付することを要する（昭52.12.15－6043）。

　→なお、判決理由中において、被告が登記義務者の相続人の全員であることが確
　　認されていれば、申請人が相続人全員であることを証する情報の提供を要しな
　　い。

　売買による所有権移転登記をする前に登記義務者が死亡し、その不動産に
ついて誤って相続登記がされたときは、便宜、相続登記を抹消することなく、
現在の登記名義人から買主に対する売買による所有権移転登記を申請するこ
とができる（昭37.3.8－638）。

　→元来、相続登記を抹消してから、相続人による登記によって被相続人から買主
　　への移転登記をすべきところ、便宜の取扱いを認めた先例である。

◆一問一答◆

問　甲の相続人が乙丙丁である場合、甲が生前に乙にＸ不動産を贈与したと
　　きは、乙を登記権利者とし、甲の登記義務を承継した丙丁と共同して所有
　　権移転登記を申請することができるか。

答　申請することができない。乙を権利者、甲の登記義務を承継した乙丙丁
　　（受贈者を含む相続人全員）と共同して所有権移転登記を申請する。申請
　　情報の内容は次のとおり。

登記の目的	所有権移転	
原因	年月日贈与	
権利者	乙	
義務者	亡甲相続人	乙
	同	丙
	同	丁

❖事案❖

　甲（相続人はＸおよびＹ）が乙に不動産を売却後、死亡したときの申請情
報の内容。

1／1

登記の目的	所有権移転
原因	年月日売買
権利者	乙
義務者	亡甲相続人　Ｘ
	同　　　　　Ｙ

設問3

　登記原因が発生した後に、登記権利者が死亡した場合、その相続人のうちの1人を申請人として登記を申請することができる理由は何か？

　共有物の保存行為に当たるからである（民法252条5項）。

❖事案❖

　甲が乙（相続人はＸおよびＹ）に不動産を売却後、乙が死亡したときの申請情報の内容。Ｘのみが申請人となるケース。

1／1

登記の目的	所有権移転
原因	年月日売買
権利者	（亡）乙
	上記相続人　Ｘ
義務者	甲

　→登記識別情報は、Ｘのみに通知されることになる（Ｙには通知されない）。

《関連事項》添付情報

　相続人その他の一般承継人による登記を申請する場合、申請情報と併せて、「相続その他の一般承継があったことを証する情報」の提供を要する。

　→申請人適格を証明する情報である（登記原因証明情報ではない）。

　→原則として、公文書を要する（不動産登記令7条1項5号イ参照のこと）。

2 代理人

設問 1

　登記申請の代理人の権限は、本人の死亡により消滅しないとされている。その具体的な意味は何か？

　本人（X）の死亡により、当然に、相続人（A）の代理人となるという意味である。

　たとえば、司法書士が、登記義務者（X）から所有権移転登記の申請について、委任状の交付を受けた後、登記申請時までに本人が死亡したときは、次のような申請をする（平6.1.14−366）。

1. 申請情報の登記義務者の表示は、「亡X相続人A」と書く。
2. 相続を証する情報の提供を要する（不動産登記令7条1項5号イ）。
   → Aの申請人適格の証明（なぜ、申請情報にAが登場するかの理由付けである）。
3. 委任状は、Xの生前のものを提供する（Xの委任に基づく代理権が消滅していないため、相続人から再度、委任状の交付を受ける必要がない）。
4. 提供すべきXの印鑑証明書は、作成後3か月以内のものであることを要する。

《関連事項》登記識別情報を提供できないとき

　設問のケースで提供すべきは、本人（X）の登記識別情報である。

　しかし、その提供ができない場合、事前通知は、Aなど相続人全員にされることになる。全員から、当該申請が真実であることの申出があれば、その登記は受理される。

設問 2

　司法書士の代理権が消滅しないケースは、他にどんな場合があるか？

　次の場合である（不動産登記法17条2号〜4号）。

1. 本人である法人の合併による消滅

2．本人である受託者の信託に関する任務の終了

3．法定代理人の死亡またはその代理権の消滅もしくは変更

　　→上記の法定代理人には、法人の代表者を含む（平5.7.30－5320）。

設問 3

　甲会社の代表取締役Ａから登記申請の委任を受けた司法書士Ｘは、Ａが退任した後に、当該委任に基づく登記を申請することができるだろうか？

　登記を申請することができる。

　この場合も甲会社の会社法人等番号の提供を要するが、その提供をもって代表者Ａの委任当時の資格とその後の資格の消滅を確認できないときは、これを確認することができる登記事項証明書を提供しなければならない。

設問 4

　清算中の株式会社が不動産を第三者に売却したが、その登記を申請する前にその株式会社の清算結了の登記をした場合、清算結了の登記を抹消せずに、代表清算人であった者から登記を申請することができるか？

　登記を申請することができる（昭30.4.14－708）。

　本事例は、代表清算人が代表権のあるときに、司法書士に委任状を交付したケースではない。

　すでに、清算結了の登記がされ、代表清算人ではなくなった者が登記の申請をすることができるかという問題である。

　元来、すでに代表権のない者が登記の申請をすることはできないため、本事例では、いったん清算結了の登記を抹消し、商業登記の登記簿上、代表清算人であった者の地位を回復した上で登記の申請をすべきである。

　しかし、不動産登記を申請するためだけに、その負担を強いることに躊躇した法務局が便宜の取扱いを認めた事案である。

設問5

父が代表取締役である会社の債務を負担するため、その親権に属する未成年の子の所有する不動産に抵当権を設定する場合、子のために特別代理人の選任をすべきだろうか？

特別代理人の選任を要しない（昭36.5.10－1042）。

本事例は、子が物上保証人、会社が債務者である。

このパターンは、民法826条１項（子と親権を行う親の利益相反行為）には該当しない。

→子と会社の利益相反取引に関する規定はない。疑問のある人は、条文をよく読もう。

設問6

親権者とその親権に服する子の共有名義の不動産について、親の単独名義とする所有権の更正登記を申請する場合は、利益相反行為に該当するか？

該当しない。

したがって、特別代理人の選任を要せず、登記を申請することができる（質疑登研376 P 88）。

→誤った登記の内容を正すことは、そもそも取引には当たらないという趣旨である。

《関連事項》所有権更正登記と農地法の許可の要否

次の事案について考えよう。いずれも、農地に関する論点である。

❖事案１❖

農地について売買によるＸからＡＢへの所有権移転登記がなされている。

その後、ＢＣ共有名義に更正するときには、農地法の許可を証する情報の提供を要する（質疑登研444 P 107）。

→誤った登記の内容を正すこと自体は取引ではないから、これに対する許可は要しないであろう。しかし、本件では、ＸからＣへの売買による権利の移転に関

する許可がなければ、そもそも更正ができないと考えられる。

❖**事案2**❖

　農地について相続によるXからABへの所有権移転登記がなされている。

　その後、BC共有名義に更正するときには、農地法の許可を証する情報の提供を要しない（質疑登研417P104）。

　　→誤った登記の内容を正すこと自体は取引ではないし、XからCへの相続による移転に許可を要しない。

◆**一問一答**◆

問　司法書士甲は登記義務者である未成年者の親権者から登記申請代理の委任を受けた。その後に親権者が死亡したときは、司法書士甲の代理権は消滅するか。

答　消滅しない（不動産登記法17条4号）。

3 債権者代位による登記

　債権者代位による登記については、『民法Ⅱ』においてかなり詳しく記述した。

　そこで、ここでは、登記法特有の問題を取り上げる。

設問1

　　一般債権者が金銭債権を被保全債権として債権者代位による登記をするときに、債務者の無資力を証する書面の提供を要するか？

　要しない。提供の根拠がない。

設問2

　　次の登記の申請を債権者代位によりすることができるか？

1．立木の所有権保存登記

2．工場財団の所有権保存登記

1について

　できない（昭33.7.2－1328）。立木の登記をするしないは、申請人の自由に任されている。

2について

　できる（昭33.11.13－2331）。抵当権設定の前提登記として必要となるから。

設問 3

　抵当権者が設定者に代位して、単独で、抵当権の債務者の変更の登記を申請することができるか？

　できない（昭36.8.30－717）。

　権利者が義務者に代位することを許容すると共同申請主義の大原則がなし崩しになってしまう。

　なお、抵当権者が、設定者に代位して所有権登記名義人住所変更の登記を申請することはできる（大4.11.6－1701）。

　この場合は、もともと、設定者の単独申請が可能な事案だからである。

◆ポイント▶　債権者代位による登記の仕組み

　債権者代位による登記は、債務者に代位して行うのである。

　だから、債務者が単独申請ができる場合は、代位者も単独申請ができる。

　債務者が共同申請をすべきときは、代位者も共同申請をすべきである。

参考先例

　共同相続人の1人の債権者は、他の相続人が作成した特別受益証明書を提供して、その者を除く相続人名義とする相続登記を債権者代位により申請することができる（質疑登研465P80）。

　債権者は、法定代理人のいない未成年者に代位して、相続登記を申請することができる（昭14.12.11－1359）。

　甲乙不動産にＡの共同根抵当権が設定されている場合、甲不動産に元本確定の登記がされているときでも、設定者が根抵当権者に代位して、乙不動産の根抵当権の元本確定の登記を申請することができない（質疑登研420Ｐ121）。

　→権利者が義務者に代位して登記をすることは、共同申請主義の大原則に反する。

設問4

　Ａは甲の一般債権者である。

　Ａは、自己の債権を保全するため、甲から乙への贈与による所有権移転登記を抹消したい。

　甲および乙の協力が得られない場合、Ａにどういう手段があるか？

　乙を被告として詐害行為取消請求に係る訴えを提起すればよい。

　判決の主文に「乙は、何番所有権抹消登記手続をせよ。」と書いてもらう。

　もともと、所有権抹消登記は共同申請だから、Ａは甲の債権者だというだけでは、代位による登記ができなかった。

　しかし、判決があれば、甲は単独で抹消ができる。

　そこで、Ａは、甲に代位して、判決書正本および確定証明書を登記原因証明情報（兼代位原因証明情報）として目的の登記を抹消することができる。

参考先例

　根抵当権の元本が確定した後、債務者に代わって債務を弁済した保証人は、根抵当権者に代位して、設定者と共同して根抵当権の元本の確定登記を申請することができる（昭54.11.8－5731）。

　→登記義務者に代位する珍しいケース。

　敷地権付区分建物の売主が、売買代金について抵当権を設定したときでも、抵当権設定登記請求権を代位原因として、買主名義の不動産登記法74条2項による所有権保存登記を申請することはできない（昭63.1.19－325）。

　→不動産登記法74条2項の所有権保存登記は、実質的には共同申請に近いので、

売主が買主に代位することはその制度の趣旨に反する。

◆一問一答◆

問 不動産の売主が買主に対してその不動産売買代金債権以外の債権を有している場合、売主は買主に代位して所有権移転登記を申請することができるか。

答 できる。本問は不動産売買代金債権「以外の債権」を有しているというところがミソ。売買代金債権を被保全債権として売主が買主に代位することは共同申請主義の趣旨を没却するからできないが、それ「以外の債権」を被保全債権とすることはできる（H21－12－イ）。

┌─ トークタイム　記憶法 ─┐

　どの科目にもいえますが、不動産登記法では記憶すべきことを減らす工夫がとても重要です。

　赤いリトマス試験紙が青く変わるとその液体はアルカリ性で、青いリトマス試験紙が赤く変わるとその液体は酸性です。この場合、両方を覚えようとするのは下策ですね。なぜって「片方だけ」覚えれば他方の結論は明らかだからです。

　カンタンな原理ですが、この「片方だけ」覚えるというテクニックが記憶すべきことを減らすのに必要な心得です。

　不動産登記法には、原則と例外があります。そこで、どちらを覚えるか？

　もちろん、例外を覚えます。なぜって例外の方がその数が少ないからです。

　たとえば、不動産登記の申請は「共同申請」が当たり前（原則）です。

　そこで、「単独申請」できるという特別の規定や先例があるものだけを覚えればよいのです（相続登記、休眠担保権の抹消、一部の元本確定登記など）。

　「共同申請」のときは登記義務者が登記識別情報を提供しなければならないのが当たり前（原則）です。

　そこで、共同申請なのに登記識別情報を提供しなくてもよいという例外だけを覚えます（破産管財人の任意売却、仮登記、相続財産清算人が家庭裁判所の許可を得てする処分行為など）。

　単独申請のときは、登記識別情報を提供しないのが当たり前（原則）です。

　そこで、単独申請なのに登記識別情報を提供する例外だけを覚えます（所有権保存登記の抹消　仮登記権利者がする仮登記の単独抹消　自己信託の３つだけ）。

このように、まず「原則」を把握し「例外だけ」を覚えればよいのです。本書は、その作業がたやすくできるように編集していますので、そういう視点で、一生懸命、勉強してみてください。

第2章 ║ 添付情報

1 登記原因証明情報

設問1

　登記の申請情報と併せて登記原因証明情報の提供を要しないのは、どういう場合であるか？

　元来、権利に関する登記を申請する場合には、申請人は、その申請情報と併せて登記原因を証する情報を提供しなければならない（不動産登記法61条）。

　以上が原則であるが、提供を要しないのは、次の場合である。

1．法令に別段の定めがある場合（不動産登記令7条3項）
   - 契約の日から10年を経過した買戻特約の登記を登記権利者が単独で抹消するとき
   - 所有権保存登記（敷地権付区分建物の不動産登記法74条2項申請を除く）
   - 処分禁止の登記に後れる権利を抹消するとき
2．登記簿の記載から登記原因が明らかなとき
   - 混同による権利の抹消登記

設問2

　抵当権者の取扱店の表示を追加する登記を申請する場合、申請情報と併せて登記原因証明情報の提供を要するだろうか？

　要する（質疑登研689 P 291）。
　→要しないとする例外に当たらないため。

　なお、設問のケースは、登記の申請情報の内容として登記原因の記載を要しない。
　登記すべき登記原因がないのに、登記原因証明情報の提供を要するという

稀なケースである。

設問 3

登記原因証明情報として公文書の提供を要するのはいかなる場合か？

単独申請をする場合、原則として、公文書が登記原因証明情報となる。登記の真正を、登記原因証明情報により担保するためである。

以下、代表的な事例を挙げよう。

1. 判決による登記

　　「判決書正本、確定証明書」（不動産登記令 7 条 1 項 5 号ロ(1)）

2. 仮登記を命ずる処分による仮登記

　　「仮登記を命ずる処分の決定書正本」（不動産登記令 7 条 1 項 5 号ロ(2)）

3. 相続による権利の移転登記

　　「戸籍等」「法定相続情報一覧図の写し」（不動産登記令別表22）

　　→なお、遺産分割協議書、特別受益証明書、相続分譲渡証明書、寄与分証明書、遺言書などが、登記原因証明情報の一部となることがある。

4. 合併による権利の移転登記

　　商業登記の「登記事項証明書」（不動産登記令別表22）

5. 登記名義人の氏名もしくは名称および住所の変更・更正登記

　　「住民票の写し、戸籍の付票、戸籍謄本（または抄本）、登記事項証明書など」

《関連事項》相続による権利の変更登記

たとえば、相続により抵当権の債務者に変更が生じた場合、登記原因証明情報は、登記義務者の作成による私文書（年月日何某が死亡し、その相続人が何某である旨を記載して記名押印）でかまわない。相続による権利の変更登記は、共同申請だからである。

なお（誰もやらないが）、この場合に、戸籍全部事項証明書等を提供して登記原因を証明しても一向にかまわない。

　→要するに、一般論として、登記原因証明情報は、登記原因を証明できる情報であればその形式のいかんを問わないのである。

→抵当権の債務者の住所を変更する登記の場合は、住民票の写しを登記原因証明
情報とすることが、むしろ普通である。

《関連事項》共同申請の場合の登記原因証明情報

たとえば、売買による所有権移転登記を申請する場合、売買契約書を登記
原因証明情報としてもよいし、登記所差入方式（何法務局御中）の書面を登
記原因証明情報として作成してもよい。

いずれも、登記義務者の記名押印（認印でよい）があれば足りる。

■参考■　委任状の内容

委任状には、申請すべき登記の内容を具体的に記載することを要する（そ
の概略は申請情報の内容と同一である）。

しかし、登記原因証明情報に申請情報の内容と同一の内容の記載があると
きは、委任状には、その委任内容を「年月日付登記原因証明情報記載のとお
りの所有権移転登記に関する件」というカタチで省略記載をすることができ
る。

■参考■　登記原因とは？

登記原因は、申請情報に記載する「年月日売買」等のことと思えばよいだ
ろう。したがって日付も登記原因の要素であり、このため、代金支払時に所
有権が移転する旨の特約のある売買では、登記原因証明情報において代金の
支払時期を証明する必要が生じる。

宿　題 ｜　売買契約書、登記所差入方式の登記原因証明情報は、原本還付で
　　　　｜きるか。

設問4

　共同申請で登記をする場合であるにもかかわらず、登記原因証明情報
として公文書の提供を要する場合はあるだろうか？

ある。

会社分割を原因とする権利の移転登記がその例である。

18

　この場合、登記原因証明情報として、分割契約書（または分割計画書）のほか、会社分割の記載のある吸収分割承継会社（または新設分割設立会社）の登記事項証明書（または会社法人等番号）の提供を要する（平18.3.29−755）。

→このほか、事業用借地権（借地借家法23条1項・2項）の設定登記を申請するときに公正証書の謄本を要することも、例として挙げることができる（不動産登記令別表33ロ、38ロ）。

《関連事項》根抵当権の場合

　確定前の根抵当権の根抵当権者が、会社分割をしたときは、会社分割を原因とする根抵当権の一部移転登記を申請するが、この場合、登記原因証明情報は、吸収分割承継会社（または新設分割設立会社）の登記事項証明書（または会社法人等番号）のみである。

→分割契約（または分割計画）の内容にかかわらず、共有根抵当権となるとされているため（民法398条の10第1項）。

設問5

　同一の債権について複数の不動産を目的とする抵当権を設定する旨の抵当権設定契約証書を登記原因証明情報として、そのうちの1個の不動産のみに抵当権を設定する登記を申請することができるか？

できる。

　不動産登記（権利の登記）に登記義務はなく、登記をするかどうかは当事者の自由である。

→例外として、相続登記、相続人への遺贈の登記には、登記義務がある。

宿題の解答▼

　前者はできるが、後者はできない。
　登記所差入方式の登記原因証明情報は、当該登記の申請のためにのみ作成された書面であるため、原本還付をすることができない（不動産登記規則55条1項ただし書）。

参考先例

敷地権付区分建物の法74条2項申請において申請情報と併せて提供すべき登記原因証明情報は、建物と敷地の権利について同一の処分がされたことが記載されていることを要する（昭58.11.10－6400）。

→専有部分と敷地権の一体としての処分を証明せよという趣旨。

抵当権設定後に、債権の一部が弁済されたときは、抵当権設定金銭消費貸借契約証書と一部弁済証書を併せて提供し、現存債権額で抵当権の設定登記を申請することができる（昭34.5.6－900）。

→登記原因は、「年月日金銭消費貸借年月日設定」でよく、一部弁済の旨を書く必要はない。

2 登記識別情報

登記識別情報は、英数字の組み合わせによる12桁の暗証番号である。不動産および申請人ごとに定められる。

→3つの不動産について、ＡＢＣ3名の共有名義の登記をすると、3×3＝9個の登記識別情報が通知される。

設問1

登記識別情報は、いかなる場合に通知されるか？

登記官は、その登記をすることによって申請人自らが登記名義人となる場合において、当該登記を完了したときは、法務省令で定めるところにより、速やかに、当該申請人に対し、当該登記に係る登記識別情報を通知しなければならない（不動産登記法21条本文）。

→なお、当該申請人があらかじめ登記識別情報の通知を希望しない旨の申出をした場合は通知がされない。

→上記の申出は、申請情報の内容である（不動産登記規則64条2項）。

●ポイント●

　「申請人自らが登記名義人となる場合」に登記識別情報が通知されること
が急所。

設問2
　　次の場合、乙に登記識別情報の通知がされるか？
1．甲が債権者代位による登記をし、乙名義の登記がされたとき。
2．甲が、共有物の保存行為として、甲乙名義の相続登記を申請したと
　　き。
3．乙が権利者として、地役権設定登記を申請したとき。
4．乙が権利者として、根抵当権の極度額を増額する変更登記を申請し
　　たとき。
5．X持分に抵当権を設定していた抵当権者乙が権利者として、抵当権
　　の効力を所有権全部に及ぼす変更登記を申請したとき。
6．X持分に抵当権を設定していた抵当権者乙が権利者として、同一不
　　動産のY持分に抵当権を追加設定したとき。

1および2について
　通知されない。乙は、申請人ではない。

3、4および5について
　通知されない。
　乙は、登記名義人とならない。

6について
　通知される。
　申請人乙は、Y持分の抵当権者として登記名義人となる。

宿題1　　債権者代位による登記がされたとき、代位者に何らかの通知はさ
　　　　れるだろうか？　また、被代位者に対してはどうか？

設問3

　次の場合、乙に登記識別情報の通知がされるか？
1．甲単有の登記を、甲乙の共有名義に更正するとき。
2．甲乙共有名義の登記を、乙単有に更正するとき。
3．甲乙共有名義の登記について、持分のみの更正（乙持分を増加する）
　をするとき。

1および2について

　通知される。当該登記により、実質的に乙が持分を取得しその部分の登記名義人になっている。

3について

　通知されない。この場合、登記簿には、更正後の持分のみが記録されるから、乙は当該登記により登記名義人にならない。

《関連事項》登記識別情報の再通知

　登記識別情報に再通知の仕組みはない。申請時に不通知の申出をした場合や、後日、失効の申出をした場合、登記識別情報を失念した場合など、いずれも、再通知を受けることはできない。

《関連事項》登記識別情報の通知先

　本人が未成年者で法定代理人が申請するときは法定代理人に、本人が法人であれば代表者に通知される。

　→権利者側の人物で司法書士に委任状を交付した者に通知されると考えるとわかりやすい。

　なお、司法書士など代理人が登記識別情報の通知を受領する場合、登記申請とは別に、本人（または上記の法定代理人等）から通知の受領に関する特別の委任を要する（不動産登記規則62条2項）。

　→資格者代理人は、登記識別情報通知書を送付の方法（郵送）で受領することができる。本人が、登記識別情報通知書を送付の方法（郵送）で受領することもできる。いずれの場合も、送付先が申請情報の内容となる（不動産登記規則63条3項）。

宿題 1 の解答▼

> 　申請人である代位者には，登記完了証が交付される。
>
> 　登記官は、登記の申請に基づいて登記を完了したときは、申請人に対し、登記完了証を交付することにより、登記が完了した旨を通知しなければならない（不動産登記規則181条1項前段）。また、被代位者にも登記所から通知（ハガキ）がされる（不動産登記規則183条1項2号）。

設問 4

　登記の申請をする場合に、登記識別情報の提供を要するのはいかなる場合か？

　登記権利者および登記義務者が共同して権利に関する登記の申請をする場合その他登記名義人が政令で定める登記の申請をする場合である（不動産登記法22条本文）。

　→政令で定める登記の代表が、合同申請の場合。

◀ポイント▶

　原則として、共同申請および合同申請の場合に登記識別情報の提供を要する。

　→合同申請の場合、申請人全員に登記義務者のカオがあると考えればよい。

《関連事項》合同申請と登記識別情報の提供

　たとえば、抵当権の順位変更の登記では、申請人が抵当権を取得した際の登記識別情報を提供する。

　→順位変更の更正、抹消登記のケースも同様。

　根抵当権の共有者の優先の定めの登記では、申請人が根抵当権を取得した際の登記識別情報を提供する。

　→優先の定めの変更、更正、抹消登記のケースも同様。

　共同申請であるにもかかわらず、登記識別情報の提供を要しない場合には、どういうケースがあるだろうか？

　次のケースがある。

1. **登記識別情報の通知がされていないとき**
   - 建物の新築工事の先取特権保存登記をするとき（不動産登記法86条1項後段）。
   - 買戻特約の登記をするとき。
   - 不動産売買の先取特権保存登記をするとき。
   - 信託の併合（分割）の登記、信託財産が受託者の固有財産となった旨の登記をするときの受益者。

2. **通知はされているが、提供を要しないケース**
   - 仮登記を共同で申請するとき（不動産登記法107条2項）。
   - 破産管財人が破産者の不動産を任意売却（処分）したとき。
   - 相続財産の清算人が、相続財産法人に属する不動産を家庭裁判所の許可を得て処分したとき。
   - 成年後見人が、裁判所の許可を得て、成年被後見人の居住用不動産を売却したとき。
   - 「年月日民法第262条の2の裁判」を原因とする登記（所在等不明共有者の持分の取得）を申請するとき。
   - 所有者不明土地管理人が、裁判所の許可を得て、所有者不明土地管理命令の対象の土地を処分したとき。

《関連事項》破産の登記の抹消

　破産管財人が、裁判所の許可を得て、破産者の不動産を任意売却しその登記を申請した場合、破産の登記が職権で抹消されることはない。

　この場合、破産管財人の申立てによって、裁判所書記官が破産の登記の抹消を嘱託する（平16.12.16－3554）。

参考先例

混同による抵当権の抹消登記を申請する場合、登記権利者と登記義務者が

同一人であっても、登記義務者の登記識別情報の提供を要する（平2.4.18−1494）。

抵当権が混同により消滅したときの申請情報の内容

登記の目的	何番抵当権抹消
原因	年月日混同
権利者兼義務者	甲
添付情報	登記識別情報
	代理権権限証明情報
登録免許税	金1000円（不動産1個について）

→混同が登記記録上明らかなときは、登記原因証明情報の提供を要しない。

設問6

　単独申請であるにもかかわらず、登記識別情報の提供を要する場合には、どういうケースがあるだろうか？

次のケースがある。
1．所有権保存登記の抹消（不動産登記令8条1項5号）。
2．仮登記名義人が単独で申請する仮登記の抹消（同項9号）。
3．自己信託をするときの所有権変更登記（同項8号）。

宿題2 │ 　自己信託をするときの所有権変更登記は主登記、付記登記いずれで実行されるか？

　登記識別情報を提供できない場合、申請人は、次の方式のいずれかを選ぶことができる（不動産登記法23条）。
1．事前通知制度の利用
2．資格者代理人による本人確認情報を提供する方法
3．申請書または委任状に公証人の認証（申請人が登記義務者であることを確認するもの）を受ける方法

上記のうち、1が原則である。しかし、2および3のケースであって、登記官がその内容を相当と認めたときには1の手続を要しないものとされる。

→このあたりの知識があいまいであれば、不動産登記法23条1項・4項を読んでおくこと。

設問7

　抵当権の抹消登記を申請することとなったが、登記義務者である株式会社X銀行が登記識別情報を提供することができない。そこで、司法書士は、事前通知の制度により申請をすることとした。なお、添付情報は書面で提供する。
1．抵当権者の印鑑証明書の提供を要するか？
2．登記は、いつ受け付けられるか？
3．事前通知に対する申出は、いつまでにすることを要するか？　また、この際に司法書士として注意すべき点は何か？
4．登記完了後、法務局はX銀行に通知をするか？

1について

　要する（登記申請時において作成後3か月以内のもの）。

　委任状には、実印を押印してもらう。

→登記識別情報を提供することができない場合には、所有権以外の権利の登記名義人が登記義務者となるときも、印鑑証明書の提供をすることを要する（不動産登記規則47条3号ハ）。

2について

　申請をしたときに、受け付けられる。

→事前通知に対する申出のときに受け付けられるわけではない。

3について

　事前通知に対する申出は、登記所が通知を発してから2週間以内にしなければならない（期間に関する定めの詳細は、不動産登記規則70条8項参照）。

　この期間内に、申出がないと登記は却下される（不動産登記法25条10号）。

→「発してから」という部分に注意のこと。もちろん、登記所は、いつ発したか

の記録を残している。

　なお、司法書士として注意すべき点は、申出書を必ず 2 週間以内に持参または郵送させることのほか、当該申出書には必ず委任状に押印したものと同一の印鑑（実印）で押印してもらうことである。

　　→ハンコが違えば、同一人からの申出だという証拠がないことになるから、適法
　　　な申出にはならない。

《関連事項》再通知の申出

　登記所からの通知が返送されてしまった場合などにおいて、再通知の申出をすることはできる。しかし、この場合も、申出期間は、最初の通知を発したときから起算する。

4 について

　事後通知はされない。

　不動産登記法に、登記識別情報を提供できない場合の事後通知の制度は存在しない。

　　→なお、債権者代位による登記が完了した場合には、被代位者に通知がされると
　　　いう制度は存在する。

《関連事項》事前通知に対する申出をオンラインでする場合

　法務局から、事前通知（郵便物）がやってくる。

　　→この部分はオンライン化不可である。登記簿上の住所に本人がいるかどうかの
　　　確認をしているわけだからである。

　その後、その郵便物に記載された通知番号を、委任状データを暗号化したのと同じ電子証明書で暗号化して、法務省のサーバーに送信すればよい。

　　→申出はオンライン化されている。

宿題 2 の解答▼

　主登記である。このほか、信託の分割（併合）、信託財産が受託者の固有財産となった旨の登記は、いずれも変更登記ではあるが、必ず、主登記

で実行される。

問 事前通知が「受取人不明」により返送されたときでも申出期間の満了前であれば申請人は再発送の申出をすることができるか。

答 申出をすることができる。なお、申出期間は最初に通知書を発した日から起算される。

設問8

　所有権の移転登記を申請することとなったが、登記義務者であるＸ（自然人）が登記識別情報を提供することができない。そこで、司法書士は、本人確認情報を作成して申請をすることとした。
1．数年前にＸが住所を移転しているため、所有権移転登記の前提として、所有権登記名義人住所変更登記の申請を要する場合、前住所通知がされるか？
2．登記官が、司法書士の作成した本人確認情報を不相当と認めた場合、登記の申請は却下されるか？

1について
　原則として、前住所通知がされることになる。

　前住所通知は、登記の申請が所有権に関するものである場合において、登記義務者の住所について変更の登記がされているときになされる。
→他人の住所を勝手に変更する届出をした上で、虚偽の登記申請をする事件が存在するため、念のため、前住所に登記申請があった旨の通知をしておくのである。
→抵当権抹消のケースなどで、前住所通知がされることはない。
　前住所通知を要しない場合は、不動産登記規則71条2項に詳しいので各自参照のこと。
　本事例は、自然人の住所移転のケースであり（同項3号）、かつ、住所変

28

更の登記と所有権移転登記は連件申請であり、双方の申請の時期に3か月の期間の経過がない（同項2号）ため、前住所通知がされることとなる。

ただし、本事例でも、仮に、本人確認情報の内容から、申請人Xが登記義務者であることが確実であると認められるときには、前住所通知がされないことに注意のこと（同項4号）。

なお、本人確認情報の作成方法は、不動産登記規則72条に詳しい（試験には出しにくいとは思うが実務では大事な規定である）。

■参考■　数回の住所変更登記

所有権に関する登記の申請から3か月以内に数回の住所変更がされている場合には、そのすべての前住所地に通知がされる（準則48条2項）。

2について

登記官が、司法書士の作成した本人確認情報を相当と認めた場合には、事前通知をしないでそのまま登記を実行するというのが、不動産登記法23条4項の規定の内容である。

したがって、本人確認情報が不相当であれば、原則にもどり、事前通知がされることになる。

→いきなり却下されるわけではない。

《関連事項》前住所通知に対して「登記申請をしていない」という異議の申出があった場合

この場合も、登記の申請はいきなり却下されるわけではない。

後続の手続として、登記官による本人確認に移行する（不動産登記法24条、準則33条1項4号）。

本人確認の結果、「申請の権限を有しない者の申請」であることが判明すれば、登記の申請は却下されるという段取りである（不動産登記法25条4号）。

→このあたり、細かな点はこだわらなくてもよいが、条文の流れを、一瞥しておくとよいだろう。

■参考■　登記官の本人確認の要件

「申請人となるべき者以外の者が申請していると疑うに足りる相当な理由があると認める」とき、登記官は本人確認をしなければならない。

その具体的な事案が準則33条1項に列挙される。

→登記官の本人確認は、実質的審査に当たる。これは、登記官の権限は形式的審査権であることが原則であることの例外である。その権限の発動は、申請をする権限のない者が申請人になりすましたケースに限定されるのである。

《関連事項》不正登記防止申出

申請人となるべき者は、他人のなりすましによる登記がされるおそれがある旨の申出をすることができる。

たとえば、登記識別情報や登記済証を盗難された場合などである。

不正登記防止申出がされた場合、申出の日から3か月以内に申出に係る申請があったときは、登記官は本人確認をしなければならない（準則33条1項2号）。

→登記の申請が直ちに却下されるわけではないことに注意。

《関連事項》業務権限証明書

法人の場合、代表者が作成した業務権限証明書の交付を受けて、担当者の本人確認をするケースもある。

たとえば、銀行の場合、支店長クラスの本人確認をし、代表取締役からの委任状で登記を申請することもある。

→大銀行の代表取締役が、いちいち司法書士と会っているわけにはいかないためにできた仕組み。

《関連事項》形式的審査権とは

登記官には、提出された書類等の審査権限しかないということ。

本来、申請人や代理人を呼び出して事情を聞く権限はなく、また、提供された書類等に不備がなければ、登記をしなければならないことになる。

ただし、これは、民法など実体上の判断をしないという意味ではない。

たとえば、提出された所有権変更登記の登記原因証明情報に、共有物不分割特約の期間を6年とする記載があれば、民法256条1項ただし書の趣旨に照らして登記の申請は却下されるであろう。

◆一問一答◆

問　不正登記防止の申出がされた場合、その申出に係る登記の申請がされたときはその申請は却下されるか。

答　いきなり却下されることはない。ただ、この場合は登記官が申請人等の本人確認をしなければならず、その結果によっては却下されることもある。

設問 9

　未成年者の不動産を親権者が代理して売却し、その旨の登記を申請するが、登記識別情報を提供できない。
1．事前通知のあて先は誰か？
2．司法書士は誰の本人確認情報を作成すべきか？

1および2

　いずれも、親権者である。

　登記所が、事前通知を発送すべきあて先は、司法書士に委任状を交付した者である。本人確認をすべき者も、同様である。

　なお、未成年者が、自ら登記義務者として申請をしたときは、事前通知は未成年者にされる。申出をすべき者も未成年者であり、法定代理人が申出をすることはできない（昭36.1.14−20）。

《関連事項》事前通知の方法

- 自然人に通知するとき
  本人限定受取郵便等の方法による（不動産登記規則70条1項1号）。
- 法人に通知するとき（主たる事務所に通知をする場合）。
  書留郵便等の方法による（不動産登記規則70条1項2号）。
  →ただし、法人の代表者の住所に事前通知を発する旨の申出をすることができ、この場合は、本人限定受取郵便等の方法によることとなる。

　さて、以上は、誰に事前通知がいくかという問題である。
　次に、申請後に、申請人の側の事情が変化したケースにおいて、誰が申出

をすべきかについて考えてみよう。

設問10

　次の場合、誰が、事前通知への申出をすべきか？
1．法人の代表者が、申請後に交代した場合。
2．登記義務者が、申請後に死亡した場合。

1について

　新代表者が申出をすべきである（昭53.12.19－6722）。

→申請人は法人だから、意思表示をする際に代表権がある者が申出をすべきである。

　なお、法人の代表者が複数いる場合には、登記申請をした代表取締役以外の者が、申出をすることもできる（準則46条2項）。

→申請人は法人そのものだからである。

→この場合、その者の資格証明書と印鑑証明書の提供を要する。

2について

　登記義務者の相続人全員が、相続を証する書面と印鑑証明書を添付して申出をすべきものとされている（準則46条1項）。

設問11

　甲乙共有不動産について甲単有とする所有権の更正登記がされている場合、甲がその所有権を処分するときに申請情報と併せて提供する登記識別情報は何か？

　共有名義で登記を受けた際の登記識別情報と、更正登記の際の登記識別情報を併せたものである。

◀ポイント▶　提供すべき登記識別情報の確定

　登記識別情報は、人ごと、権利ごと、不動産ごとに通知される。

　だから、処分する権利について複数の登記識別情報が通知されていれば、

その全部の提供を要する。

設問12

　　甲乙共有不動産の甲持分に抵当権が設定された後、甲が乙の持分を取得し、抵当権の効力を所有権全部に及ぼす変更の登記を申請する場合、甲が提供すべき登記識別情報は何か？

甲が乙の持分を取得した際の登記識別情報のみでよい。

本事例は、当該持分のみを処分するケースだからである。

設問13

　　Ａ不動産に次の登記がされている。

甲区　　1　　所有権移転

　　　　　　平成18年 5 月15日1233号

　　　　　　所有者　甲

　　　　　1 − 1　　1 番所有権更正

　　　　　　平成20年 9 月 1 日3345号

　　　　　　目的　　所有権一部移転

　　　　　　共有者　持分 2 分の 1 　甲

　　　　　　　　　　持分 2 分の 1 　乙

　　甲および乙が、丙にＡ不動産を売却した。共有者全員持分全部移転登記の申請情報と併せて提供すべき登記識別情報の内容は？

　　甲の甲区 1 番の登記識別情報または登記済証、乙の甲区 1 番付記 1 号の登記識別情報である。

　　甲区 1 番の登記は、平成18年 5 月15日受付であるため、オンライン指定前に申請された可能性がある。

　　その場合、甲には、登記済証が交付されている。

　　なお、オンライン指定が可能となった不動産登記法の施行日は、平成17年 3 月 7 日、全庁でオンライン指定が完了した日は平成20年 7 月14日である。

　　この間は、登記所ごとに順次、オンライン指定がされた。

　　各管轄登記所で指定があった後に申請をした登記から、登記識別情報が通

知されている。

設問14
登記名義人甲が死亡した。共同相続人のうちの1人である乙は、登記
識別情報の失効の申出をすることができるか？

できる。

登記識別情報の失効の申出は、共有物の保存行為に当たる。

→たとえば、登記識別情報が盗難に遭った場合、失効申出は共有者全員の利益と
なる。

《関連事項》登記識別情報の失効の申出の方法

登記名義人またはその一般承継人が登記官に申出をする（不動産登記規則
65条1項）。

この際、登記識別情報の内容（12桁のパスワード）を提示する必要はない。

→盗難のケースを考えれば、提示は不可能であり、当然の話である。

これに対して、登記識別情報の有効証明については、登記識別情報の内容
（12桁のパスワード）を提示する必要がある。

有効証明は、特定の登記識別情報の有効を証明するものであるからである。

→このほか、登記識別情報が失効していることの証明を求めることもできる。こ
の場合は、当然のことながら、登記識別情報の内容（12桁のパスワード）を提
示する必要はない。

設問15
次の場合、登記識別情報は失効するか？
1．甲から乙への所有権移転登記をした後の、甲の登記識別情報
2．A地とB地を合筆したときの合筆前の登記識別情報

1について

失効しない。

たとえば、この後、乙の所有権登記が錯誤を理由に抹消されたとき、甲の
登記識別情報は失効していないため再度の使用が可能である。

2について

　合筆前のすべての土地の登記識別情報も、失効しない。

　したがって、合筆後の登記申請において、登記名義人が提供すべき登記識別情報は合筆のときに通知されたものまたは、合筆前のすべての土地のものである。

3 法人が申請人となる場合

　申請人が会社等の法人である場合には、その代表者の資格や代理人（支配人等）の権限の証明を要する。

　たとえば、申請書に「権利者　株式会社X　代表取締役甲」と書いた場合、甲の代表権の証明をいかにするかという問題が生じるわけである。

設問 1

　会社法人等番号を有する法人（例　株式会社X）が登記の申請をする場合、申請情報と併せて提供すべき情報は何か？

　原則として、会社法人等番号の提供を要する（不動産登記令7条1項1号イ）。

　法務局の職員が、その会社法人等番号を頼りに株式会社Xの商業登記の登記事項を閲覧し、その代表者（例　代表取締役X）の代表権や、登記された代理人（例　支配人Y）の権限を確認することができるようにするためである。

　しかし、次の登記事項証明書を提供することもでき、この場合には、会社法人等番号の提供を要しない（不動産登記規則36条1項）。

1．法人の代表者の資格を証する登記事項証明書
2．登記された代理人（例　支配人）の権限を証する登記事項証明書

◆一問一答◆

問　上記1及び2の登記事項証明書に作成期限の定めがあるか？

答　ある。作成後3か月以内のものでなければならない（不動産登記規則36

条 2 項)。

設問 2
　会社法人等番号を有しない法人（例　健康保険組合）が登記の申請を
する場合、申請情報と併せて提供すべき情報は何か？

　代表者の資格を証する情報である（不動産登記令 7 条 1 項 1 号ロ）。
　たとえば、健康保険組合が登記の申請をするときは、その理事長の資格を
証する情報の提供を要する。

◆一問一答◆
問　登記の申請の添付情報を書面で提供する場合、その書面が作成後 3 か月
　以内であることを要するのはどういう場合か？

答　たとえば、次の場合である。
　　1．申請人が委任状（本人申請の場合は申請書）に押印した印鑑に係る印
　　　鑑証明書（不動産登記令16条 3 項、18条 3 項）
　　　　→承諾書や遺産分割協議書の一部の印鑑証明書には作成期限の定めがない。
　　2．官公署が作成する法人の代表者の資格を証する情報（不動産登記令17
　　　条 1 項、不動産登記規則36条 2 項）
　　　　→会社法人等番号を有しない法人についても同様。
　　3．官公署が作成する代理権限証明情報（不動産登記令17条 1 項）

　このほか、司法書士が書面で本人確認情報を作成する場合、これに押印し
た職印に係る印鑑証明書は、作成後 3 か月以内のものに限られる。
　職印とは、司法書士がその所属する司法書士会に届け出た印鑑のことであ
る。

設問 3
　「司法書士法人甲　代表社員Ｘ」が登記申請の代理人となる場合、い
かなる情報を提供すべきか。

代理人の代表者（X）の資格を証する情報を提供すべきである。しかし、その司法書士法人の会社法人等番号を提供することもでき、この場合には、代表者の資格を証する情報の提供を要しない（不動産登記規則37条の2）。

設問4

　会社法人等番号を有する法人（例　株式会社甲）が不動産を購入した。その法人が会社法人等番号を提供して登記の申請をする場合、他に住所を証する情報の提供を要するか？

要しない。

　会社法人等番号の提供をもって株式会社甲の住所を証する情報の提供に代えることができる（不動産登記令9条、不動産登記規則36条4項）。

　会社法人等番号の提供を受けた登記所の職員は、これを頼りに株式会社甲の住所（本店の所在場所）を確認することができるためである。

◆一問一答◆

問　上記のほか、株式会社甲が会社法人等番号の提供をしたときに、他の情報の提供を省略することができるケースを挙げてみよう。

答　次のような場合がある。

　1．法人の印鑑証明書（登記官が印鑑証明書を作成できる場合に限る）

　例　株式会社甲が、所有権移転登記の登記義務者となるときに委任状に押印した印鑑に係る証明書に代えることができる。

　2．登記名義人住所（名称）変更（更正）登記の変更・更正を証する情報

　例　登記名義人である株式会社甲が本店を移転したケースで、登記原因証明情報の提供に代えることができる。

　3．合併による権利の移転登記の合併を証する情報

　例　株式会社甲が他の会社を合併したケースで、登記原因証明情報の提供に代えることができる。

　4．会社の分割による権利の移転登記の会社分割を証する情報

　例　他の会社が株式会社甲に会社分割したケースで、登記原因証明情報の一部の提供に代えることができる。

5．許可情報の一部としての代表者の資格を証する情報

例　株式会社甲が登記上の利害関係人となるケースで、許可情報の一部としての代表者の資格を証する情報の提供に代えることができる。

《関連事項》原本還付請求が可能な書面

　原本還付請求は、することができることが原則である（不動産登記規則55条1項本文）。

　例外的に、原本還付請求をすることができない書面には以下のものがある。

1．申請人が委任状（本人申請の場合は申請書）に押印した印鑑に係る印鑑証明書、承諾書の一部の印鑑証明書は、いずれも原本還付請求ができない。

　　→原本還付請求できない印鑑証明書は以上のみ。たとえば、遺産分割協議書の一部としての印鑑証明書は原本還付請求できる。

2．当該申請のためにのみ作成された委任状、登記所差入方式の登記原因証明情報、その他の書面

3．偽造された書面その他の不正な登記の申請のために用いられた疑いがある書面

　　→なお、原本還付請求は、書面で添付情報を提供した場合に限定の話である。電子データには原本とコピーの区別がないから原本還付請求はしたくてもできない。

　参考先例

　相続関係説明図の提出により原本還付を請求することができるのは、戸籍、除籍の謄抄本のみであり、遺産分割協議書等の原本還付の請求をするためには、その謄本を提出する必要がある（平17.2.25－457）。

　　→元来、原本還付を請求するには、原本のコピーを提出すべきところ、相続関係書類については相続関係説明図の提出のみで足りるとされているが、その範囲は戸籍の謄抄本のみであるという趣旨の先例である。

　設問5
　　登記名義人となる者が法人である場合に特有の登記事項はあるか？

ある。

　所有権の登記名義人が法人であるときは、会社法人等番号その他の特定の法人を識別するために必要な事項が登記事項となる（不動産登記法73条の 2 第 1 項 1 号、不動産登記令 3 条11号ト）。

> →不動産登記令では、これを「法人識別事項」と命名している。
> →上記は、所有権の登記名義人が法人であるときに限定のハナシ。抵当権者等が法人であるときは、登記事項とならない。

　たとえば、会社法人等番号を提供して、株式会社 X を登記権利者とする所有権移転登記を申請するときは、申請情報の申請人の欄には、その会社法人等番号を記載する。そして、登記が完了したときには、株式会社 X の会社法人等番号が、そのまま登記記録に反映されるのである。

◆一問一答◆

問　法人識別事項のほか、所有権の登記に特有の登記事項はあるか？

答　ある。

　所有権の登記名義人が国内に住所を有しないときは、その国内における連絡先となる者の氏名または名称および住所その他の国内における連絡先に関する事項が登記事項となる（不動産登記法73条の 2 第 1 項 2 号）。

4 登記原因についての第三者の許可、同意または承諾を証する情報

　登記の申請をする場合、登記原因について第三者の許可、同意または承諾を要するときは、当該第三者が許可し、同意し、または承諾したことを証する情報を申請情報と併せて提供しなければならない（不動産登記令 7 条 1 項 5 号ハ）。

1．農地法の許可を証する情報

　農地法の許可は、農地の使用収益に関する権利の移転等の効力発生要件である。

→許可がなければ、権利は移転しない。

したがって、当事者間で取引をした後に、許可が得られた場合、物権変動の日付は許可の日である（日付がズレる）。

農地法の許可の要否について、ポイントを挙げる。

① 遺贈
  ・特定遺贈の場合　要（注）
  ・包括遺贈の場合　不要
  （注）ただし、受遺者が相続人のときは不要。

② 真正な登記名義の回復
  ・従前の登記名義人以外の者に移転するとき　要（注）
  ・従前の登記名義人に移転するとき　　　　　不要
  （注）ただし、相続登記の後に、他の相続人に移転するときは不要。

③ 相続分の贈与（売買）
  ・共同相続人以外に移転するとき　要
  ・共同相続人に移転するとき　　　不要

④ 共有者間の持分の移転
  ・協議による共有物分割のとき　要
  ・共有者の持分放棄のとき　　　不要

⑤ 解除
  ・合意解除　要
  ・法定解除　不要

設問 1

　次の登記原因により、農地の使用収益に関する権利を移転する場合、農地法の許可を要するか？

1．会社分割
2．死因贈与（包括贈与）
3．遺産分割
4．時効取得
5．民法958条の2の審判
6．委任の終了

7．買戻し

8．遺産分割による贈与

9．民法646条 2 項による移転

1．不要。包括承継だから、個々の不動産への許可になじまない。

2．要。死因贈与は、単に不確定期限の付いた贈与でしかない。

3．不要。相続に関する登記原因だから。

4．不要。権利の法定移転のケースだから。

5．不要。審判による移転であるため。

6．不要。実質的な権利移転がない。

7．要。

8．要。遺産分割の対価として特定不動産を贈与したケース。単なる贈与と
同視されている。

9．要。委任者と受任者の合意による移転だから。

設問 2

　農地について、次の登記を申請する場合、農地法の許可を要するか？

1．抵当権の設定

2．農地の地下に工作物を設置することを目的とする地上権

3．通行を目的とし、その土地全部を範囲とする地役権

4．空中に電線を通すことのみを目的とする地役権

1．不要。抵当権の設定は、農地の使用関係に影響がない。

2．要。

3．要。

4．不要（昭31.8.4－1772）。およそ、農地の使用に影響がない。

設問 3

　AはBに自己所有の農地を売り、農地法の許可申請を行った。

　次の場合、許可の効力はどうなるだろうか？

1．許可の前に売主が死亡した。

2．許可の前に買主が死亡した。

1について

　許可は有効である。

　なお、この場合、売主から相続人への相続登記を省略して、直接、売主から買主への移転登記を申請することはできない（昭40.3.30-309）。

　相続登記の後に、相続人から買主への移転登記をするときには、AからBに対する許可書を提供すればよい。

　→再度、許可を求める必要はない。

　Aの相続人が甲乙であるときは以下の2件の申請をする。

1／2

登記の目的	所有権移転	
原因	年月日相続	
相続人（被相続人A）	持分何分の何	甲
	何分の何	乙

2／2

登記の目的	共有者全員持分全部移転	
原因	年月日売買（許可書到達の日）	
権利者	B	
義務者	甲　乙	

《関連事項》農地法の許可を条件とする仮登記がされている場合

　知事の許可を条件とする、AからBへの条件付仮登記がされている場合には、許可前にAが死亡しても、相続登記をすることなく、Aの相続人全員とBの共同申請により、仮登記の本登記を申請することができる（昭35.5.10-328）。

2について

　許可は、無効となる（昭51.8.3-4443）。

　農地法の許可は、買主本人に対してされるが、死者に対する許可は無効である。

なお、許可後に、買主が死亡した場合には、許可は有効である。

この場合、買主の相続人が売主と共同して、買主名義の登記を申請することができる。

設問4

　登記上の地目は「田」であるが、現況は宅地である不動産の売買をするとき、農地法の許可を要するか？

要する。

登記官は、登記簿上の地目で許可の要否を判断する。

参考先例

農地法所定の許可書に記載された農地の地積が、登記簿上のそれと相違しても当該土地の地番その他の表示により土地の同一性が認められれば、その登記の申請は受理される（昭37.6.26−1718）。

→許可がなかったといえないから。

農地法5条の許可書に記載された買主甲および乙の持分と、異なる持分による農地の所有権移転登記の申請は受理されない（質疑登研431）。

→許可条件違反である。

許可書に「売買」と記載されているときに、「贈与」を登記原因とする所有権移転登記を申請することはできない（昭40.12.17−3433）。

→許可条件違反である。

甲から乙に所有権移転登記がされている農地について、真正な登記名義の回復を登記原因として丙に所有権移転登記をするときは、甲から丙に対する権利の移転についての許可書を提供することを要する（昭40.12.9−3435）。

5 会社と取締役の利益相反取引

会社と取締役の利益相反取引とは何か？

次の2つがある（会社法356条1項2号・3号）。

1. 取締役が自己または第三者のために取引をすること（直接取引）。
2. 株式会社が取締役の債務を保証することその他取締役以外の者との間において株式会社と当該取締役の利益が相反する取引をすること（間接取引）。

上記の取引をする場合、取締役は、株主総会（取締役会設置会社にあっては、取締役会）の承認を得ることを要する。

利益相反取引について不動産登記の申請をするときは、株主総会議事録（取締役会設置会社にあっては、取締役会議事録）の提供を要する（不動産登記令7条1項5号ハ）。

なお、承認は、取引の効力の発生要件ではない。
→たとえば、取締役と会社が売買をしたとき、その後に承認を得ても、所有権移転の日は契約日である（日付がズレない）。

株主総会等の承認を要する趣旨は、会社の損失において取締役が利得を図ることの防止である。

したがって、取締役が会社に無利息貸付をすること、負担のない贈与をすること、取締役が会社の（物上）保証人となること等の取引は、いずれも株主総会等の承認を要しない。

《関連事項》議事録の方式

会社法319条の規定により株主総会決議があったものとみなされた場合、株主全員の同意の意思表示があったことを証する情報を提供する。

会社法370条の規定により取締役会決議があったものとみなされた場合、取締役全員の同意の意思表示があったことを証する情報（監査役設置会社では、監査役に異議がなかったことを証する情報を含む）を提供する（平18.3.

29 − 755）。

設問 2

　甲社（代表取締役Ａ、Ｂ）が所有する不動産を、乙社（代表取締役Ａ、Ｃ）が買い受けた。

　この登記を申請するときに、次の場合、いずれの会社の議事録の提供を要するか？

1．甲社および乙社をＡが代表するとき。

2．甲社をＢ、乙社をＣが代表するとき。

3．甲社をＡ、乙社をＣが代表するとき。

1について

　両社の議事録を要する。

　→売買は、いずれの会社にとっても利益相反取引である。

2について

　両社の議事録を要しない。

3について

　乙社の議事録を要する。

　乙社の取締役（Ａ）が、第三者（甲社）のために取引をしているからである。

設問 3

　甲社が債務者兼設定者としてＸに対して（根）抵当権を設定している。

　債務者をＡ（甲社の取締役）に変更する登記を申請する場合、甲社の議事録の提供を要するか？

1．普通抵当権の場合。

2．確定前の根抵当権の場合。

1について

　議事録の提供は不要。Ａが会社の債務を肩代わりしたという話。

2について

議事録の提供を要する。

AがXとの取引により負う債務を、甲社が物上保証する形になるため。

参考先例

取締役会の承認を得て、取締役から株式会社への所有権移転登記をした後、その登記を錯誤により抹消するときは、取締役会議事録の提供を要しない（質疑登研349Ｐ85）。

→錯誤は、取引ではない。

株式会社を抵当権者、取締役を債務者兼設定者とする抵当権の登記がされている場合、解除を原因としてその抵当権を抹消するときは、株式会社の議事録の提供を要する（昭37.3.13－646）。

→債務が残存するのに抵当権を解除することは会社に不利益となる。

→なお、弁済を原因として抹消することは、利益相反取引ではない。

甲株式会社（代表取締役Ａ）の不動産に乙株式会社（代表取締役Ａ）の抵当権設定仮登記がされている場合、解除を原因としてその仮登記抵当権を抹消するときは、乙株式会社の議事録の提供を要する（質疑登研539Ｐ154）。

利益相反取引の承認に係る取締役会議事録の押印は、代表取締役については登記所届出印、他の取締役については、市町村に登録した印鑑で行うべきである（昭45.8.27－454）。

→議事録の一部として印鑑証明書の添付を要する。

→なお、上記は、代表取締役が登記所に印鑑を提出していることを前提とする先例である。

◆一問一答◆

問 取締役会議事録に押印した印鑑についての印鑑証明書は、登記申請時において作成後3か月以内のものであることを要するか？

答　作成後 3 か月以内のものであることを要しない。

◆一問一答◆

問　株式会社Aと取締役甲が、ある年の 6 月 1 日に甲所有の不動産の売買を
した。同年 6 月 3 日に株式会社Aの株主総会でその売買が承認されたとき
は、登記原因日付はいつか？

答　6 月 1 日である。株主総会の承認は売買の効力発生要件ではないから、
日付はズレない。

6 その他の情報

　その他の不動産登記令 7 条 1 項 5 号ハの承諾情報、同意情報には、次のも
のがある。

1．未成年者がした法律行為についての法定代理人（親権者等）の同意（民
法 5 条 1 項本文）
2．被保佐人がした法律行為についての保佐人の同意（民法13条 1 項本文）
3．不在者の財産管理人が処分行為をしたときの家庭裁判所の許可（民法28
条）

参考先例

**不在者が不在となる前にした売買についての登記の申請は、債務（登記義
務）の履行にすぎないから家庭裁判所の許可を要しない（質疑登研347 P 75）。**

**不在者の財産管理人が登記義務者として時効取得による所有権移転登記を
申請するときは、家庭裁判所の許可を要する（質疑登研548 P 165）。**

4．相続財産の清算人が処分行為をしたときの家庭裁判所の許可（民法953
条、28条）

参考先例

被相続人が生前にした売買についての登記の申請は、債務（登記義務）の
履行にすぎないから家庭裁判所の許可を要しない（昭32.8.26－1611）。

5．抵当権の順位変更についての利害関係人の承諾（民法374条1項ただし書）
　　→日付がズレる。

参考先例

所有権の仮登記名義人、差押債権者、用益権者は、順位変更の登記の利害
関係人には該当しない（昭46.12.24－3630）。

設問1

　2番抵当権と3番抵当権の順位を変更し3番を先順位とするときは、
原則として、2番抵当権に付記で登記を受けている者（抵当権移転の仮
登記権利者、転抵当権者等）が利害関係人となるが、これ以外の者が利
害関係人となることはあるか？

　ある。
　2番抵当権に順位の譲渡（放棄）をしている先順位の抵当権者等が利害関
係人である。

6．根抵当権の極度額の変更についての利害関係人の承諾（民法398条の5）
　　→日付がズレる。

設問2

　根抵当権の極度額を増額する変更をするとき、利害関係人の範囲は乙
区の者に限られるか？

　限られない。
　甲区の後順位の仮登記名義人や差押え、仮差押え、仮処分債権者なども利

害関係人である。

参考先例

　極度額の増額変更の登記を申請するときは、後順位の用益権者は利害関係人ではない（質疑登研460 P 105）。

7．確定前根抵当権の譲渡、分割譲渡、一部譲渡、共有者の権利の譲渡についての設定者の承諾（民法398条の12、398条の13、398条の14）→日付がズレる。
8．確定前根抵当権の分割譲渡についての利害関係人の承諾（民法398条の12第3項）→日付がズレる。
9．確定前根抵当権の共有者の権利の譲渡についての他の共有者の同意（民法398条の14第2項）→日付がズレる。
10．株式会社の代表取締役の職務代行者が会社の常務に属しない行為をすることについての裁判所の許可（会社法352条1項）

参考先例

　株式会社の代表取締役の職務代行者が、登記義務者として贈与を原因とする所有権移転の登記を申請するときは、裁判所の許可情報の提供を要する（昭56.8.3－4905）。

11．破産管財人が破産財団に属する不動産を任意売却することについての裁判所の許可
12．区分地上権の設定の登記について、当該土地にすでに利用権を受けている者の承諾（民法269条の2第2項）→日付がズレる。

　なお、土地利用権に対して権利を有する者の承諾も必要である。
　例　何番賃借権質権設定登記の登記名義人である質権者

　1番根抵当権と2番根抵当権について順位変更の登記をした。

　その後に、1番根抵当権の極度額を増額変更する登記を申請する場合、2番根抵当権者は利害関係を有するか？

　順位変更の状況による。

1．2番根抵当権を先順位とする順位変更がされていれば、2番根抵当権者に利害関係はない。

2．1番と2番を同順位とする順位変更がされていれば、2番根抵当権者に利害関係がある。

7 登記上の利害関係を有する第三者の承諾を証する情報

　登記上の利害関係を有する第三者とは、申請に係る登記がされた場合に損害を被るおそれがある者で、既存の登記簿の記載から形式的に不利益が生じることが判断できる者のことである。

→登記簿に載っていない者の承諾を要することはナイ。

設問1

　登記上の利害関係を有する第三者の承諾を証する情報は、いかなる登記をするときに必要となるか？

　次の4つがある。

1．権利の変更・更正登記をする場合（不動産登記法66条）

2．抹消登記をする場合（不動産登記法68条）

3．抹消回復登記をする場合（不動産登記法72条）

4．所有権に関する仮登記の本登記をする場合（不動産登記法109条）

　前記のうち、2から4は、利害関係人の承諾書の提供が登記の受理の要件となる。

　1については、利害関係人の承諾書の提供は、登記を付記でするための要

件である。

　→承諾書の提供がなくても、登記は主登記で実行される。

設問2

　所有権移転請求権仮登記の権利者甲は、仮登記義務者の乙に対して売買予約権の行使をした。

　その数日後に、利害関係を有する第三者の承諾を得た場合、仮登記の本登記をする際の登記原因日付はいつか？

　売買予約権の行使をした日である。

　その日に、目的不動産の所有権が甲に帰属し、数日後にその登記申請が可能となったという時系列である。

　以上のように、登記上の利害関係を有する第三者の承諾が、登記原因日付に影響を及ぼすことはない。

設問3

　甲は一番抵当権の抹消回復の登記を申請したい。

　しかし、後順位抵当権者の乙が承諾書を提供しない。

　甲にはいかなる手段があるか？

　乙に承諾義務がある場合には、承諾に代わる判決を取ればよい。

　判決により意思表示の擬制をするという原理は、判決による登記のときと変わりがない。

　主文「乙は、一番抵当権の抹消回復登記について承諾をせよ」でよい。

　判決が確定したときに乙の意思表示が擬制されることになる（民事執行法177条）。

　しかし、乙に承諾義務がないのであれば、乙の後順位で抵当権の設定登記を受けるしか手立てがない。

《関連事項》抹消回復登記の登録免許税額

不動産1個につき金1000円である（登録免許税法別表1.1⑭）。

参考先例 ◦◦

抹消された抵当権の回復申請の登記義務者は、現在の所有権登記名義人である（昭57.5.7−3291）。

→抹消された当時の所有者が、登記義務者となるわけではないという趣旨。
◦◦◦

◆一問一答◆

問 所有権の抹消回復登記を申請するときの登録免許税の額も不動産1個について1000円か？

答 不動産1個について1000円である。

設問 4

次の登記を申請する場合、甲の承諾を要するか？
1．買戻しを原因とする所有権移転登記を申請する際に、買戻権に質権の設定を受けている甲。
2．地役権の抹消をする際に、地役権の設定登記後に登記を受けた要役地の抵当権者である甲。

1について

甲の承諾を要する。

買戻しによる所有権移転登記をすると買戻権が職権抹消される。このため、買戻権に設定された質権も抹消する必要が生じるので、これに関して甲の承諾を要する。

→移転登記について利害関係人の承諾を要するという規定はないため、この承諾は不動産登記法68条の登記の抹消についての承諾であると解される。

2について

甲の承諾を要する。

本事例では、地役権が要役地の抵当権の目的となっているためである（民

法281条 1 項本文)。

設問 5

　利害関係を有する者がいる場合であっても、権利の変更、更正の登記が、必ず付記登記でされる事例を挙げてみよう。

　次のパターンがある。

1 ．権利の変更について

　〈変更の登記原因について第三者の承諾を要するケース〉

　・根抵当権の極度額の変更

　〈変更登記が、抹消登記の実質を有するケース〉

　・何番抵当権を何某持分の抵当権とする変更

　・抵当権の共有者の 1 人について債務者が弁済をした場合の抵当権の変更登記

2 ．権利の更正について

　更正登記が、抹消登記の実質を有するケース。甲・乙の共有名義を甲単独名義とする所有権更正登記が典型である。

参考先例

　1 番抵当権が 2 番抵当権に順位の譲渡をしているとき、1 番抵当権の抹消について 2 番抵当権者が、登記上の利害関係を有する第三者となる(昭37.8. 1 − 2206)。

《関連事項》職権更正

　登記の錯誤または遺漏が、登記官の過誤によるものである場合、登記官は、遅滞なく、監督法務局または地方法務局の長の許可を得て、登記の更正をしなければならない(不動産登記法67条 2 項本文)。

　→ただし、利害関係人がいるときは、その承諾がなければ職権更正をすることができない。

　なお、登記の錯誤または遺漏が、申請人と登記官の双方の過誤によるときは、登記の更正は申請によりすべきであり、登記官が職権ですることができ

ない。

8 印鑑証明書

委任状または本人申請の場合の申請書（以下、委任状等という）の押印に係る印鑑証明書の提供の問題を考察しよう。

　→この印鑑証明書は、申請時において、作成後3か月以内でなければならない。

もちろん、この問題の所在は、委任状等を書面で作成する場合に限定される。

設問1
申請情報と併せて印鑑証明書を提供すべき場合は、どういう場合か？

所有権の登記名義人（所有権に関する仮登記の登記名義人を含む）が登記義務者となるときである（不動産登記令16条2項、不動産登記規則48条5号、47条3号イ、不動産登記令18条2項、不動産登記規則49条2項4号、48条5号、47条3号イ）。

以上が大原則であり、このほか、これに同視される次の場合に、所有権の登記名義人（所有権に関する仮登記の登記名義人を含む）について印鑑証明書の提供を要する。

1. 共有物分割禁止の定めに係る権利の変更の登記
2. 所有権保存の登記の抹消
3. 自己信託による権利の変更の登記
4. 所有権に関する仮登記の登記名義人が単独で仮登記の抹消の申請をするとき

上記2から4は、単独申請であるにもかかわらず登記識別情報の提供を要する場合である。

要するに、1を含めて、所有権に関する登記名義人が登記識別情報を提供すべきときにセットで印鑑証明書を提供することになるのである。

　→なお、このほか、所有権に関する買戻権について、買戻権者が登記義務者とな

るときに、印鑑証明書の提供を要するものとされている。

→契約の日から10年を経過した買戻特約の単独抹消の登記を除く。

《関連事項》例外規定

担保権（根抵当権と根質権を除く）の債務者の変更登記の申請については、所有権の登記名義人が登記義務者となるときにも、印鑑証明書の提供を要しない（不動産登記規則49条1項2号、47条3号イ⑴かっこ書）。

《関連事項》登記識別情報を提供できないとき

登記義務者等が登記識別情報を提供できないときは、権利の種類を問わず、その者の印鑑証明書の提供を要する。

設問 2

申請人が委任状等に押印をすべきものとされているのは、いかなる場合か？

次の場合である（不動産登記令18条1項、不動産登記規則49条1項）。

1．申請人が印鑑証明書を提供すべきこととされている場合

　　→この場合は、当然のことながら委任状等に実印を押印すべきである。

2．申請人が不動産登記法21条本文の規定により登記識別情報の通知を受けることができるとき

　　→これは、登記識別情報を受領する際の本人確認を登記申請時の印鑑でするためである。

　上記の場合以外は、申請人は委任状等に署名をすれば足り、押印を要しないことになる。

　以下、いずれも、登記義務者が登記識別情報を提供するものとして、押印の要否を記載する。

❖**事案1**❖　抵当権移転登記（共同申請）

　登記義務者　押印は不要。登記権利者　押印を要する。

❖事案 2 ❖　抵当権抹消登記

　登記義務者、登記権利者いずれも押印は不要。

《関連事項》その他、押印を要しない場合

　委任状等について、公証人の認証を受けた場合には押印を要しない。

　→この場合は、もちろん、印鑑証明書の提供も要しない。

設問 3
裁判所の書記官が作成した印鑑証明書を提供することはできるか？

　できる。自然人が委任状等に押印した印鑑に関する証明書は、市町村長作成のものであることが原則であるが、裁判所によって選任された者（例　破産管財人）がその職務上行う申請の委任状に押印した印鑑については、裁判所の書記官が最高裁判所規則により作成した印鑑証明書でも差し支えない（不動産登記規則49条 2 項 3 号）。

　→承諾書に押印した印鑑に関する証明書についても同様である。

　なお、法人が申請をするときは、登記所作成の代表者の印鑑証明書の提供を要する。ただし、登記官が印鑑証明書を作成できる場合であって、その法人が会社法人等番号を提供したときは、印鑑証明書の提供を要しない（不動産登記規則48条 1 号）。

参考先例
　株式会社の清算結了後に、それ以前に売却した不動産について所有権移転登記を申請するときは、登記義務者の印鑑証明書として、代表清算人個人の市町村長作成の印鑑証明書で足りる（昭30.4.14－708）。

　→清算結了の登記を抹消しなければ登記所作成の印鑑証明書の発行ができないための便宜の取扱い。

　外国に在住する日本人が不動産登記を申請するときは、印鑑証明書に代えて署名証明書を提出しても差し支えない（昭30.9.15－1958）。

　外国人については印鑑登録をしていれば印鑑証明書を、印鑑登録をしていないときは署名証明書を提供する（昭34.11.24－2542、昭59.8.6－3922）。

→署名証明書は、作成後 3 か月以内のものであることを要しない。

→印鑑証明書は、外国人についても、作成後 3 か月以内のものであることを要する。

　登記の申請情報と併せて提供すべき印鑑証明書、資格証明書が登記原因発生の日以後に交付されたものであることは要しない（質疑登研228 P 65）。

9 住所を証する情報

設問 1
住所を証する情報は、いかなる登記を申請する場合に提供を要するか？

次の場合に、登記権利者の住所を証する情報を提供することを要する。

1．所有権保存登記（不動産登記令別表28ニ）
2．所有権移転登記（不動産登記令別表30ハ）
3．所有権更正登記において新たな登記名義人が登場するとき

上記、1 および 2 のケースは、法令に根拠があるため、必ず提供を要する。
→たとえば、共有物分割による持分移転登記で、すでに登記簿に登場している他の共有者を権利者とする場合にも提供を要する。

　3 のケースは、新たな登記名義人が登場するときのみである。
→甲単有の登記を甲乙共有に更正するときは、乙の住所を証する情報の提供を要する。

設問 2
市町村長の作成した印鑑証明書は、住所を証する情報とすることができるか？

できる（昭32.6.27－1220）。

→もちろん、住所を証する情報として使用するときには、作成期限の定めはない。

なお、当該印鑑証明書が作成後3か月以内のものであったとしても、住所を証する情報として提供した印鑑証明書を、委任状等に押印した印鑑に係る印鑑証明書として援用することはできない（質疑登研112P41）。

→用途が違う書面を他に援用することはできないとされている。

《関連事項》添付書面の援用

同一の登記所に対して同時に2以上の申請をする場合において、各申請に共通する添付情報があるときは、当該添付情報は、一の申請の申請情報と併せて提供することで足りる（不動産登記規則37条1項）。

たとえば、甲がA不動産を乙に、B不動産を丙に売却する場合、その申請を連件でするときは、1件目の乙への所有権移転登記の申請情報に印鑑証明書を提供すれば、2件目には提供を要しないこととなるのである。

→この場合、2件目の添付情報の表示は、「印鑑証明書（前件添付）」とする。

→このほか、同一法人が複数の申請情報の申請人となるときの、資格を証する情報の援用はその事案が多い。

援用の可否は、用途が同一かどうかで判断をする。

同一の利害関係人の承諾書を複数の申請情報において提供すべきときに、承諾書の一部の印鑑証明書を、他の承諾書のそれとして援用することは可能である（昭47.4.13－1439）。

しかし、遺産分割協議書の一部として提供された印鑑証明書を、委任状等に押印した印鑑に係る印鑑証明書として援用することはできない。

設問3

所有権の抹消回復登記を申請する場合、住所を証する情報の提供を要するか？

不要である。添付の根拠規定がない。

参考先例 ～～～～～～～～～～～～～～～～～～～～～～
　すでに死亡した者を登記権利者として所有権移転登記を申請するときは、申請情報と併せて登記権利者の最後の住所を証する情報を提供する（質疑登研114 P 46）。
　→住民票の除票の写しがこれに当たる。
～～～～～～～～～～～～～～～～～～～～～～～～～～～～～～～～～～～～

10 電子署名による情報の省略

　A（自然人）が委任状情報に電子署名をすれば、そこに住所氏名が記録される。

　B株式会社の代表者が委任状情報に電子署名をすれば、そこに会社の商号、本店の所在場所、会社法人等番号が記録される。

　このため、委任状情報に電子署名をした場合には、その者に関して、次の情報の提供を要しないこととなる。

　1．住所を証する情報（不動産登記規則44条1項）
　2．法人の代表者の会社法人等番号（同条2項）
　3．法人の支配人等の代理権限証明情報（同条3項）

　なお、委任状情報を電子データで作成するときは、必ず、電子署名を要する（不動産登記令12条2項）。

　権利者、義務者も、登記を申請する権利の種類も問わない。

　つまり、委任状情報をデータ化する場合には、その全員が、電子証明書を提供することになる。

　これは、電子の世界には、署名（サイン）や認印の概念がないことの帰結である。

《関連事項》添付情報の省略法

　このほか、次の手段がある。

1. 住所証明情報に代わり住民票コードの番号または会社法人等番号を提供する（不動産登記規則36条4項）。
2. 登記事項証明書に代わり民事法務協会の照会番号を提供する（不動産登記令11条）。
　　→これはオンライン申請用の手段である。

第3章 ‖ 相続登記

　相続または法人の合併による権利の移転の登記は、登記権利者が単独で申請することができる（不動産登記法63条2項）。

　上記が、相続、合併による登記について単独申請を可能とする根拠条文である。

→会社分割による権利の移転の登記は含まれていない。すなわち、共同申請である。

→相続または法人の合併による権利の変更の登記も含まれていない。こちらも、共同申請である。

　相続の性質は、包括承継である。

　このため、共同相続人が自己の持分のみについて権利の登記をすることができない。

　→相続を登記原因とする所有権（または持分）一部移転登記をすることができない。

　しかし、共同相続人の1人が、共有物の保存行為として、共同相続人全員のために相続登記を申請することができる。

設問1

甲は、A不動産の持分の2分の1を乙に遺贈した。
甲の相続人は丙である。いかなる登記を申請すべきか？

　遺贈による乙への所有権一部移転登記の後、相続による丙への甲持分全部移転登記の段取りである。

→相続登記に一部移転登記がありえないため、逆の順番は不可である。

　以下、本設問の申請情報を記載する（遺言執行者がいる場合）。

登記の目的	所有権一部移転
原因	年月日遺贈
権利者	持分2分の1　乙
義務者	亡甲

登記の目的	甲持分全部移転
原因	年月日相続
相続人（被相続人甲）持分2分の1　丙	

　なお、遺言執行者がいないときは、1／2の義務者は「亡甲相続人　丙」と記載する。

参考先例

　所有権の登記名義人について数次に相続が開始した場合、各相続について順次の相続登記を申請すべきである。しかし、中間の相続が単独相続であれば、現在の相続人を登記名義人とする登記を、直ちに申請することができる（昭30.12.16－2670）。

　　→元来、相続登記の登記原因は、各人の死亡ごと（年月日相続）となるから、登記の申請は各別にすべきなのである。しかし、中間の相続が単独相続であれば、登記原因を「年月日甲相続年月日相続」という具合に表現してよい。

　一例として被相続人X、中間の相続人甲、最終の相続人がYZであるときは、申請情報の内容は以下となる。

登記の目的	所有権移転	
原因	年月日甲相続年月日相続	
相続人（被相続人X）	持分何分の何	Y
	何分の何	Z

　甲の相続人が乙丙丁であるとき、共同相続の登記をする前に乙が自己の持分を放棄したときは、甲から丙丁に直接相続登記を申請することができない

（質疑登研10 P 30）。

→乙がした持分の放棄は、民法255条の共有者の持分の放棄に当たる。

→物権変動の過程を忠実に再現することが不動産登記法の理念だから、この場合、いったん乙丙丁名義の相続登記をした上で、乙持分全部移転登記を申請すべきである。

被相続人の登記記録上の住所と死亡時の住所が異なる場合でも、相続登記の前提として、被相続人の住所変更の登記をすることを要しない（明33.3.7－260）。

→相続登記は単独申請であり、被相続人は登記義務者とならないため、不動産登記法25条7号の却下事由に該当しないのである。

→相続人以外の者への遺贈による所有権移転登記は共同申請だから、仮に、死亡した遺言者の登記記録上の住所と死亡時の住所が異なる場合には、前提としてその者の住所を変更する登記をすることを要する（昭43.5.7－1260）。

→相続人への遺贈による所有権移転登記を受遺者が単独で申請する場合において、遺言者の住所に変更があるときは、その前提として、登記名義人の住所の変更登記を要しない（質疑登研908 P 6）。

胎児に関する登記を申請するときは、申請情報には、胎児の表示として「何某（母の氏名）胎児」と記載する（令5.3.28－538）。

→胎児が出生した場合、年月日出生を原因とする登記名義人の氏名変更の登記を申請する。

→死産の場合は、所有権更正登記を申請することができる。

●展開●　胎児名義の登記の根拠

民法が、相続について胎児の権利能力を認めているためである（民法886条1項）。

→不動産登記法は、胎児の権利能力につき解除条件説をとっている。

→なお、民法上においては、停止条件説の立場から、胎児を母が代理してした和解契約の効力を否定する有名な判例がある（大判昭7.10.6）。

〈重要条文〉　民法994条

1項　遺贈は、遺言者の死亡以前に受遺者が死亡したときは、その効力を生じない。

→遺言者の死亡以前に受遺者が死亡した場合、遺贈の対象となった財産は法定相続される。

設問2

遺言執行者の欠格事由はなにか?

未成年者および破産者は、遺言執行者となることができない（民法1009条）。

→受遺者は、遺言執行者となることができる。

設問3

次の場合、それぞれ、相続登記を経由する必要があるだろうか?

1．遺言執行者は、不動産を売却し、その代金から負債を支払い残額を受遺者に分配するという遺言がされたとき。

2．家庭裁判所により選任された遺産管理人が、家庭裁判所の許可を得て遺産である不動産を第三者に売却したとき。

3．不動産を時効取得したが、取得時効の起算日前に、登記名義人が死亡していたとき。

4．根抵当権の設定者が死亡した後に、根抵当権者が元本の確定請求をしたとき。

1、2および3

いずれも、前提として相続登記を要する。

不動産はいったん、相続人の所有に帰しているためである。

→不動産の権利変動の過程を、登記簿に忠実に再現するためである。

以下は、3のケースの申請情報の内容である。登記名義人をX、その相続人を甲乙、時効取得者をYとする。

1／2

登記の目的	所有権移転	
原因	年月日相続	
相続人（被相続人　X）持分何分の何		甲
	何分の何	乙

2／2

登記の目的	共有者全員持分全部移転
原因	年月日時効取得
権利者	Y
義務者	甲　乙

4 について

　元本確定登記の前提として、相続登記を要する（登記研究677 P 213、質疑登研614 P 163）。

　本事例は、根抵当権者が単独で元本確定請求をすることができる事案である。しかし、確定請求は相続人に対してされているから、前提として相続登記を要する。

　→この相続登記は、根抵当権者が設定者の相続人に代位してすることができる。

設問4

相続および合併による権利の移転登記における登記原因証明情報の内容は？

　相続または法人の合併を証する市町村長、登記官その他の公務員が職務上作成した情報（公務員が職務上作成した情報がない場合にあっては、これに代わるべき情報）およびその他の登記原因を証する情報である（不動産登記令別表22）。

　→戸籍や除籍の謄本などに代えて法定相続情報一覧図の写しの提供をすることもできる。

　その他の登記原因を証する情報の例は、遺産分割協議書、特別受益証明書、

相続分譲渡証明書、遺言書、相続欠格該当証明書、寄与分証明書などである。

参考先例

除籍簿が破棄等されたため提供することができないときは、破棄等により除籍謄本を提供できない旨の市町村長の証明書を提供して、相続登記を申請することができる（平11.6.22－1259、平28.3.11－219）。

戸籍謄本に記載された相続人の本籍地と、遺産分割協議書に記載された相続人の住所が相違するときでも、相続人の氏名と生年月日が、戸籍謄本および遺産分割協議書に添付された印鑑証明書において一致しているときは、別途、相続人の同一性を証する書面を提供することを要しない（昭43.3.28－114）。

→本籍地の記載のある住民票の写しの添付を要しないという趣旨である。

共同相続人が、甲乙丙であるときに、甲が自己の相続分を乙に譲渡し、乙丙間で相続財産に属する不動産が乙に帰属する旨の遺産分割協議をしたときは、乙への相続登記を申請することができる（昭59.10.15－5195）。

相続の放棄があった場合、相続による所有権移転登記の登記原因証明情報の一部として相続放棄申述受理証明書を提供すべきであるが、これと同じ内容の記載のある「相続放棄等の申述有無についての照会に対する家庭裁判所からの回答書」や「相続放棄申述受理通知書」を提供することもできる（質疑登研808）。

甲不動産の所有権の登記名義人Aが死亡して、その相続人B、C及びDの遺産分割協議が未了のままDが死亡し、その相続人がE及びFであった場合、B及びCがその相続分をE及びFに譲渡した後に、EF間で遺産分割をし、Eが甲不動産を単独で取得することとなったときは、登記原因証明情報として、相続分譲渡証明書及び遺産分割協議書を提供して、Eが、AからEへの所有権移転登記を単独で申請することができる（平30.3.16－137）。

→この場合の登記原因は「年月日D相続年月日相続」である。

→つまり、B及びCが相続分を譲渡したことによりいったん亡Dが甲不動産を取

得し、次いでＥＦ間の遺産分割によりＥがこれを取得したとの法律構成となる。

◆一問一答◆

問 不動産を時効取得したが、時効の起算日後に、登記名義人が死亡していたときは時効取得による所有権移転登記の申請の前提として相続登記を経由することを要するか？

答 要しない。以下は、本事例の申請情報の内容である。登記名義人をＸ、その相続人を甲乙、時効取得者をＹとする。

登記の目的	所有権移転
原因	年月日時効取得
権利者	Ｙ
義務者	亡Ｘ相続人　甲
	同　　　　乙

設問5

　登記実務では、遺言の内容が「相続させる」となっていれば相続登記を、「遺贈する」となっていれば遺贈を登記原因とする権利の移転登記をすべきであるものとされている。
　これは、遺言者の意思に忠実に登記をすべきであるという理念に基づくものであるが、その例外に当たる事例があるだろうか？

次の事例がある。

２つしかないので、その要件を明確にしよう。

1．相続人以外の者に対して「相続させる」という遺言がされた場合、その者に対する遺贈の登記をする（質疑登研480Ｐ131）。

　相続人以外の者に相続登記をすることはできない（定理）ためである。

2．相続人の全員に対して全財産を包括遺贈する趣旨の遺言がされた場合、

相続登記をする（昭38.11.20－3119）。

当該遺言は、相続分の指定をしたものと解されるためである。

→なお、相続人の1人に対する包括遺贈、第三者を含む包括遺贈のケースは、いずれも登記原因は「遺贈」となる。

《関連事項》包括受遺者

包括受遺者は相続人と同一の権利義務を有する（民法990条）。

しかし、相続人そのものではない。

したがって、相続人ではない包括受遺者に相続登記がされることはない。

また、同じ理由で、表題部所有者の包括受遺者に不動産登記法74条1項1号後段による所有権保存登記をすることもできない。

参考先例

「遺言者は次のとおり遺産分割の方法を指定する。長男甲はＡ土地云々」という遺言がされた場合、Ａ土地について甲への相続による所有権移転登記を申請する（昭47.8.21－3565）。

相続人を受遺者とする農地の特定遺贈による所有権の移転の登記については、農業委員会の許可を受けたことを証する情報の提供を要しない（平24.12.14－3486）。

→なお、相続人以外の者への特定遺贈については許可を要するという取扱いに変更はない。

設問6

相続による所有権移転登記は、いつまでに申請する必要があるだろうか？

自己のために相続の開始があったことを知り、かつ、所有権を取得したことを知った日から3年以内である（不動産登記法76条の2第1項）。

→正当な理由なく登記をしないときは、過料の制裁アリ。

→代位者等により相続登記がされたときは、義務の履行を要しない（同条 3 項）。

　一般論として、権利に関する登記には登記義務がないが、これはその重大な例外である。

　その趣旨は、相続を契機とする登記を義務づけることで、所有者不明土地（建物）問題を解消することにある。

◆一問一答◆

問　遺贈による所有権移転登記には、申請義務があるか？

答　相続人を受遺者とする場合に限り、申請義務がある。その義務の履行期限は、相続登記に同じである。

　なお、相続人を受遺者とする遺贈による所有権移転登記は、**登記権利者が単独で申請することができる**（不動産登記法63条 3 項）。

設問 7

　Xが、相続人の甲に、ある不動産を遺贈した。遺言執行者はYである。

　Yは、遺言執行者の資格において、遺贈による甲への所有権移転登記を単独で申請することができるか？

　できない（質疑登研908Ｐ5）。

　遺言執行者は、不動産登記法 2 条12号に規定する**登記権利者**に当たらないためである。

　→特定財産承継遺言の場合、遺言執行者が、単独で、相続による所有権移転登記を申請することができることとの比較が重要である。

　設問の場合、相続人である受遺者の甲が、単独で遺贈による所有権移転登記を申請することとなる。

◆一問一答◆

問　相続人を受遺者とする遺贈による所有権移転登記を登記権利者が単独で申請する場合において、遺言者の住所に変更があるときは、その前提とし

て、登記名義人の住所変更登記を要するか。

答 要しない（質疑登研908 P6）。
　なお、遺贈による所有権移転登記を共同で申請するときは、原則どおり、住所変更登記を要する。

宿　題 　相続人を受遺者とする遺贈による所有権移転登記の登記原因証明情報を特定してみよう。また、登録免許税の税率はどうか？

設問8
　甲土地の所有者Ｘが死亡して、その相続人はＡＢＣである。法定相続分による相続登記の後、甲土地をＡが単独で取得する旨の遺産分割協議が成立した場合、Ａは、いつまでにその旨の登記を申請する必要があるか？

遺産分割の日から3年以内である（不動産登記法76条の2第2項）。
→この登記申請義務は、本事案のＡのように、遺産分割によって法定相続分を超えて所有権を取得した者が履行すべきこととなる。

なお、債権者代位や官公署による嘱託によって登記がされたときは、Ａは、登記義務の履行を要しない（同条3項）。

宿題の解答▼

　登記原因証明情報は、①遺言書、②遺言者の死亡を証する戸籍全部事項証明書等、③受遺者が相続人であることを証する戸籍全部（一部）事項証明書等である。
　登録免許税の税率は、不動産価額の1000分の4である（相続がらみ）。
　なお、第三者への遺贈のケースの登記原因証明情報は、上記のうち①および②を提供し、税率は1000分の20となる。

設問 9

　相続または遺贈による所有権移転登記の申請義務には、代替措置があるか？

　相続人である旨の申出をすることにより、登記申請義務を負う相続人等は、その義務を履行したものとみなされる（不動産登記法76条の3第2項）。

　もともと、共同相続の事案では、遺産分割の成立を待って相続登記をするケースが一般的である。

　しかし、遺産分割の成立までには時間を要する場合もあれば、相続人への遺贈であっても、遺言の効力をめぐってバチバチ争うこともあろう。そんな折に、まずは法定相続分による相続登記を申請すべしというのも本末転倒であることから、その代替措置の仕組みが存在するのである。

　相続人である旨の申出があったときは、登記官が、職権で、その旨と申出人の住所氏名等を被相続人名義の所有権の登記に付記する（同条3項）。
　→以下、これを相続人申告登記と命名する。

◆一問一答◆

問　相続人申告登記の後に遺産分割が成立した場合、その申出をした者は、登記申請義務を負うか。

答　負う。

　相続人申告登記の申出をした者は、その後の遺産分割によって所有権を取得したときは、遺産分割の日から3年以内に、所有権移転登記を申請することを要する（不動産登記法76条の3第4項）。

　なお、相続人申告登記の後、遺産分割の成立までに法定相続分による相続登記がされることもあるが（相続人申告登記→法定相続登記→遺産分割という時系列）、この場合は、設問8の問題となる（同項カッコ書）。

亡甲が、相続人であるＡおよびＢに対し、２分の１ずつの割合で不動産を遺贈した場合、Ａ（またはＢ）は、単独で、①自己が取得した持分のみを目的とする遺贈による所有権一部移転登記、または、②ＡＢ共有名義とする遺贈による所有権移転登記のいずれをも申請することができる（質疑登研908 Ｐ5）。

第4章 相続以外を登記原因とする所有権移転登記

　相続以外を登記原因とする場合には、権利の一部移転登記をする場合が生じる。

　この場合の、登記の目的の記載方法には、次のようなものがある。

1．甲持分一部移転
2．甲持分一部（順位何番で登記した持分）移転
3．甲持分4分の1、乙持分4分の1移転

設問1

所有権移転に終期を付した登記をすることができるか？

　できる。

　「買主が死亡したときは所有権移転が失効する」という具合である。

　いわゆる、権利消滅の定めは、権利の種類を問わずにすることができるのである（不動産登記法59条5号）。

　→なお、権利消滅の定めは必ず、付記登記でする（不動産登記規則3条6号）。

《関連事項》死亡または解散による権利の消滅による抹消登記

　権利が人の死亡または法人の解散によって消滅する旨が登記されている場合において、当該権利がその死亡または解散によって消滅したときは、登記権利者は、単独で当該権利に係る権利に関する登記の抹消を申請することができるものとされている（不動産登記法69条）。

　しかし、この規定は、所有権に終期が付された旨の登記がされている場合には、適用がない。

　所有権の終期が到来したときには、権利の抹消ではなく、移転登記をすべきものとされているからである。

　→過去、死者が所有者であった時代は確かに存在するから、これを登記記録から消すのは適当ではないのである。

　判決による場合を除き、相続以外の登記原因により所有権移転登記を申請するときに、単独申請が可能な場合はあるだろうか?

　相続人を受遺者とする遺贈による所有権移転登記は、登記権利者（受遺者）が単独で申請することができる（不動産登記法63条3項）。

　また、収用を原因とするときも、起業者が単独で申請することができる（不動産登記法118条1項）。

《関連事項》受遺者を遺言執行者とする遺贈の登記

　相続人以外の者への遺贈であっても、受遺者を遺言執行者に指定すれば、受遺者は、遺言執行者および登記権利者として手続をすることができる。

　事実上の単独申請であるが、この場合は、共同申請において登記権利者と登記義務者の代理人がたまたま一致しただけである。

　したがって、登記識別情報の提供を要するし、受遺者は印鑑証明書と住所証明情報の両方を提供する必要がある。

《関連事項》相続人以外の者への遺贈による登記の申請

　遺言執行者がいれば、その者が受遺者と共同で申請をする。

　いなければ、相続人全員が相続人による登記の形式で申請する。

　なお、遺言者の登記識別情報の提供を要する。

設問 3

　Xが、Aに、ある不動産を遺贈した。遺言執行者はいない。

　甲および乙が相続人であるとき、登記義務は誰が履行するか?

　甲および乙が履行する。

　次の状況である。

登記の目的	所有権移転
原因	年月日遺贈
権利者	A
義務者	亡X相続人　甲
	同　　　　乙

設問 4

　受戻しによる所有権移転登記をすることができない場合には、どういうケースがあるか？

　X→Yの担保仮登記の本登記手続がされている場合、その後に相続以外を登記原因として第三者Zへの移転登記がされていれば、受戻しによる所有権移転登記をすることができない。

　また、本登記原因から5年を経過したときも、できない。

《関連事項》受戻しの要件

　清算金の支払を受けるまでに、債権等の額を提供することが受戻しの要件である（仮登記担保法11条本文）。

　ただし、次の場合は、受戻しをすることができない（同条ただし書）。

　1. 清算期間が経過した時から5年が経過したとき

　2. 第三者が所有権を取得したとき

《関連事項》登記名義人住所変更登記の要否

　X→Yの担保仮登記の本登記手続がされている場合、Xが受戻しの登記を申請する際に、登記簿上のXの住所と、申請時のXの住所が相違していても、前提として、Xについて登記名義人住所変更の登記の申請を要しない。

　申請時における登記名義人はYであり、過去の登記名義人の住所を変更する登記の手続が存在しないためである。

　しかし、登記簿上のXと受戻権者Xの同一性の証明は要するから、申請情報と併せて住所変更の過程を証明する情報の提供をすることを要する。

　遺言の内容と抵触する生前処分による所有権移転登記がされたが、その後に当該登記が錯誤により抹消されているときは、その不動産について遺贈による所有権移転登記を申請することができる（平4.11.25－6568）。

　　→遺言に抵触する生前処分がなかった（遺言は撤回されない）という趣旨。

　甲乙共有の不動産について、甲持分についてのみ、時効取得による持分全部移転登記をすることができる（質疑登研547 P 145）。

　　→時効の相対効の帰結である。

　委任の終了を登記原因として所有権移転登記がされている場合、その不動産について相続を原因とする所有権移転登記を受理することはできない（質疑登研459 P 98）。

　委任の終了を登記原因として所有権移転登記がされている場合、その不動産について誤って相続を原因とする所有権移転登記をしたときは、前提としてその相続登記を抹消しなければ、新代表者への委任の終了による移転登記を申請することができない（質疑登研550 P 181）。

　権利能力なき社団の代表者A名義で登記されている不動産が、Aの死亡後に売買されたときは、Aから買主への所有権移転登記を申請することができない（平2.3.28－1147）。

　　→いったん、新代表者に移転登記をする必要がある。

　民法646条 2 項による移転の登記原因日付は、当事者間に特約があればその日、特約がなければ、登記申請の日である（質疑登研457 P 118）。

　甲から乙および丙に贈与による所有権移転登記をした場合、甲丙間の合意によって贈与が解除されたときは、丙から甲への持分移転登記をしなければならない（質疑登研503 P 196）。

　　→一般論として、（合意）解除を登記原因とする登記の申請は、抹消・移転のいずれの方法によることもできるが、本事例では、所有権の一部抹消が不可能で

あるため。

　　譲渡担保契約が解除された場合の登記は、所有権の抹消、移転のいずれの方法でもよい（質疑登研342 P 77）。

　　相続による所有権の移転の登記がされている農地について、真正な登記名義の回復を登記原因として、他の相続人に所有権の移転の登記を申請する場合、登記原因証明情報の内容として事実関係（相続登記が誤っていること、申請人が相続により取得した真実の所有者であること等）又は法律行為（遺産分割等）が記録されていれば、農地法所定の許可書を提供することを要しない（平24.7.25 − 1906）。

　　→亡甲→乙の相続登記をした後に、真正な登記名義の回復により乙→丙の移転登記をするときは、農地法の許可を要しない。もともと、甲→丙の相続登記をやっていれば、許可は不要だったからである。

第5章 ‖ 判決による登記

　申請を共同してしなければならない者の一方に登記手続をすべきことを命ずる確定判決による登記は、当該申請を共同してしなければならない者の他方が単独で申請することができる（不動産登記法63条1項）。

　この条文は、登記権利者が登記義務者に対して判決を得る場合に典型的に適用される。
　しかし、合同申請において申請人の一方が他方に、あるいは登記義務者が登記権利者に登記手続をすべきことを命ずる確定判決を得た場合にも、適用がある。

●展開● 　登記請求訴訟の土地管轄

　被告の普通裁判籍を管轄する裁判所のほか、登記をすべき地を管轄する裁判所に訴えを提起することができる（民事訴訟法5条13号）。

参考先例

　根抵当権設定者が、元本確定の登記手続に協力しないときは、根抵当権者が設定者に対して元本確定登記を命じる判決を得て、単独で元本確定登記の申請をすることができる（昭54.11.8－5731）。
　→登記義務者が登記権利者に対して判決を得たケース。

　一定の内容の登記手続する旨の記載のある公正証書の原本に基づき、単独で登記の申請をすることができない（明35.7.1－637）。
　→公正証書の執行力は、金銭の一定の額の支払またはその他の代替物もしくは有価証券の一定の数量の給付を目的とする請求にしか生じない（民事執行法22条5号）。

　登記手続を命じる判決に仮執行の宣言がされたときでも、これによって登記権利者が単独で登記の申請をすることができない（昭25.7.6－1832）。
　→確定判決ではないから、不動産登記法63条1項の適用がない。

●展開●　仮執行の宣言

第 1 審判決に仮執行の宣言がされるための要件は次のとおりである。

財産権上の請求に関する判決については、裁判所は、必要があると認める
ときは、申立てによりまたは職権で、担保を立てて、または立てないで仮執
行をすることができることを宣言することができる（民事訴訟法259条 1 項）。

→裁判所は、当事者が申し立てていない事項について、判決をすることができな
　い（民事訴訟法246条　処分権主義）とされるところ、職権ですることのでき
　る裁判として有名である。

→なお、手形または小切手による金銭の支払の請求およびこれに付帯する法定利
　率による損害賠償の請求に関する判決については同条 2 項の特則アリ（職権で、
　原則として無担保の仮執行の宣言をしなければならない）。

宿題 1 |　この他に職権でされる裁判はあるか？

設問 1
判決による登記の原理は何か？

実体法上の登記申請義務を当事者の一方が果たさないときに、登記申請の
意思表示を判決により強制するのである。

→「登記申請をします」という意思表示を強制する。

その根拠規定は、民事執行法177条 1 項〜 3 項である。

重要条文であり、いかなる債務名義について、いつ、債務者が意思表示を
したものとみなされるかの理解が学習ポイントとなる。

以下、登記権利者が登記義務者に対して判決を得るケースを題材にして、
考察を進めることとする。

> ある。
>
> 　裁判所は、事件を完結する裁判において、職権で、訴訟費用の負担の裁判をしなければならない（民事訴訟法67条1項本文）。

設問 2
いかなる内容の判決により、登記を単独で申請することができるか？

　登記手続自体を命じる確定の給付判決を要する。

　具体的には、次のような判決である。

主文

　「被告は原告に対し、後記記載の不動産につき、年月日売買による所有権移転登記手続をせよ」

→判決主文中の判断でなければならない。判決理由中の判断で判決による登記をすることはできない。これは、判決主文にしか既判力が生じないためである。

　なお、判決による登記の登記原因は、上記の場合「年月日売買」である。次の時系列である。

　1．売買により買主に所有権が移転した。

　2．しかし、売主の登記申請義務が債務不履行であった。

　3．その申請義務が判決により強制された。

●展開●　既判力

　判決確定の効果である。いったん確定した判決に抵触する主張は、当事者、裁判所のいずれもこれをすることができないという原理。

宿題 2 ｜　判決理由中の判断に既判力が生じることはあるか？

《関連事項》判決による登記の登記原因証明情報

　執行力のある確定判決の判決書の正本（執行力のある確定判決と同一の効力を有するものの正本を含む）である（不動産登記令 7 条 1 項 5 号ロ(1)）。

　なお、確定判決に代わるものとして、和解調書、調停調書、認諾調書、外国裁判所の判決（執行判決を受けたもの）、家庭裁判所の審判書・調停調書などがある。

　　→和解条項は、「被告は原告に対し、後記記載の不動産につき、年月日売買による所有権移転登記手続をする」でよい。

● 展開 ●　判決の種類

　訴えには 3 つの種類がある。

　 1 ．給付の訴え　特定の給付請求権の存在を主張する。

　　　例　金銭の支払を請求する。

　 2 ．確認の訴え　特定の権利関係の存在または不存在を主張する。

　　　例　所有権の確認をする。

　 3 ．形成の訴え　一定の法律要件に基づく権利変動の過程を主張する。

　　　例　離婚をする。

　上記のうち、1 の「給付の訴え」の請求認容判決を給付判決という。

　判決には、このほか、確認の訴えに対応する確認判決、形成の訴えに対応する形成判決がある。

　なお、「給付の訴え」の請求を棄却する判決は、確認判決に分類される。

宿題 2 の解答▼

　　ある。以下に条文を転記する。

民事訴訟法114条（既判力の範囲）

1 項　確定判決は、主文に包含するものに限り、既判力を有する。

2 項　相殺のために主張した請求の成立又は不成立の判断は、相殺をもって対抗した額について既判力を有する。

　→なお、成立または不成立の「判断」に既判力が生じるのであり、相殺の抗

弁が時機に後れた攻撃防御方法として却下されたときは、成立または不成立の「判断」はされていないから、既判力が生じることはない。

設問3

登記義務者が意思表示をしたものとみなされるときはいつか？

次のときである（民事執行法177条1項）。
1. 確定判決の場合　　　　　　判決が確定したとき
2. 和解、調停、認諾の場合　　債務名義が成立したとき

●展開●　請求の認諾とは？

被告が、原告の請求を正当であると認める陳述のこと。

これにより訴訟は終了する。

請求の認諾を記載した調書は、確定判決と同一の効力を有する。

→自白は、事実を認める陳述であることと相違する。

設問4

判決（判決に代わる債務名義を含む。以下、判決等という）による登記をする場合、執行文の付与を要するか？

原則として要しない。

しかし、次の場合に、執行文の付与を要するものとされる。

1. 債務者の意思表示が、債権者の証明すべき事実の到来に係るとき。
2. 債務者の意思表示が、反対給付との引換えに係るとき。
3. 債務者の意思表示が、債務の履行その他の債務者の証明すべき事実のないことに係るとき。

以上、いずれも、「執行文が付与されたとき」に債務者が意思表示をしたものとみなされる。

1について

　農地法の許可を条件として権利の移転登記手続を命じる判決がその典型例である。

　この場合、債権者がその事実の到来を証明する文書（農地法の許可書）を提出したときに限り、執行文が付与される（民事執行法27条1項）。

参考先例

　農地法の許可を条件として農地の所有権移転登記を命じる判決により所有権移転登記をする場合、執行文の付与された判決正本（確定証明書）の提供を要する（昭36.10.12-2546）。

◆一問一答◆

問　農地法の許可を条件とする判決に基づいて登記権利者が単独で所有権移転登記を申請するときは、許可書を提供することを要するか？

答　要しない。許可書は執行文の付与を受けるために裁判所書記官に提出するのであって、登記所に提出するわけではない。

2について

　執行文は、債権者が反対給付またはその提供のあったことを証する文書を提出したときに限り、付与することができる（民事執行法177条2項）。

　→ここも、債務者の発行した領収書等は、裁判所書記官に提出する。登記所に提供することは要しない。

宿題3　意思表示の強制のケースを除く、一般的な民事執行手続において反対給付の履行は執行文の付与の要件とされているだろうか？

3について

　代償請求の場合がこれに当たる。

　「被告が原告に何時までに金何円を支払わないときは、被告は原告に対し所有権移転登記手続をせよ」とのパターンである。

この場合、債権者から、執行文の付与の申立てがあったときは、裁判所書記官は、債務者に対し一定の期間を定めてその事実を証明する文書を提出すべき旨を催告し、債務者がその期間内にその文書を提出しないときに限り、執行文を付与することができる（民事執行法177条3項）。

→債権者が支払のないことの証明をすることは不可能なので、証明責任を債務者に負わせる制度としている。

●展開● 執行文の付与はどこで受けるのか？

事件の記録の存する裁判所の裁判所書記官に申立てをする。

→執行裁判所の裁判所書記官ではない。

民事執行法26条（執行文の付与）

1項 執行文は、申立てにより、執行証書以外の債務名義については事件の記録の存する裁判所の裁判所書記官が、執行証書についてはその原本を保存する公証人が付与する。

→なお、執行証書で判決による登記をすることはできない。

参考先例

農地法の許可を条件とする所有権移転登記手続を命じる判決が確定した後に、当該農地の地目が宅地に変更された場合であっても、判決により単独で所有権移転登記を申請するときは、執行文の付与を要する（質疑登研562P133）。

→執行文が付与されなければ、債務者の意思表示が擬制されないのだから、当然の話である。

宿題4 意思表示の強制のケースを除く、一般的な民事執行手続において強制執行開始の要件はどのようになっているだろうか？

宿題の解答▼

宿題 3

　執行文の付与要件とはされていない。

　一般的な民事執行手続において反対給付の履行は、執行開始の要件である。

宿題 4

　一般論として、次の要件となる。

1. 債務名義の正本があること（民事執行法25条本文）
　　→確定判決には限らない。
2. 執行文が付与されていること（民事執行法25条本文）
　　→例外は、同条ただし書（各自参照のこと。よく出題される）。
3. 債務名義の正本または謄本が、あらかじめまたは同時に債務者に送達されていること（民事執行法29条）

設問 5

　判決による登記をするときに、必要となる添付情報は何か？

　原則として、登記義務者の登記識別情報・印鑑証明書・代理権証明情報（委任状等）を除く、すべての情報の提供を要すると考えればよい。

　　→判決は、義務者の申請意思の代わりでしかないから、これに係る情報以外のものは、提供を要する。

　しかし、例外として、判決が他の情報を兼ねることができる場合がある。その例を以下に示す。

1. 申請人が相続人であることを証する情報

　　登記義務者の相続人を被告とした場合、その者らが相続人の全員であるとの判断が判決理由中にあれば、申請人が相続人であることを証する情報が不要となる（質疑登研382 P 90）。

2. 登記原因についての第三者の許可、同意または承諾を証する情報

　　農地の所有権移転登記を申請する場合、判決理由中に農地法の許可が得られていることが明示されていれば、農地法の許可情報の提供を要しない（平6.1.17－373）。

設問6

　　被告（甲）に対し所有権移転登記手続を命じる判決が確定した。原告をAとする。

　　事実審の口頭弁論の終結の後に、次の事情が発生したときに、Bは承継執行文の付与を受けて甲からの直接の移転登記を単独で申請することができるか？

　1．BがAから当該不動産を買ったとき。

　2．BがAを相続したとき。

　　1および2のいずれも、承継執行をすることができない。

　　上記のケースは、いずれも、甲→A→Bという過程で物権変動が生じているため、この過程に忠実に登記を申請しなければならない。

　　→登記権利者側の承継については、承継執行ができる場合はない。

《関連事項》承継執行とは？

　　債務名義に表示された当事者以外の者を債権者または債務者とする執行のことである（民事執行法27条2項）。

　　上記事例では、原告A、被告甲であるが、A以外の者がする執行、甲以外の者に対する執行を、承継執行というのである。

設問7

　　被告（甲）に対し所有権移転登記手続を命じる判決が確定した。原告をAとする。

　　事実審の口頭弁論の終結の後に、次の事情が発生したときに、原告Aは承継執行文の付与を受けて乙から直接の移転登記を単独で申請することができるか？

> 1．甲が乙に対して売買による所有権移転登記をしたとき。
> 2．乙が甲を単独で相続し、相続登記を経由したとき。

1について

　承継執行はできない。

　本事例は、甲→Aと甲→乙の二重譲渡の関係にあるが、乙が先に登記をしたからAは所有権を乙に対抗できない。

2について

　Aは、承継執行文の付与を受けて、乙→Aの所有権移転登記を申請することができる。

　事実審の口頭弁論の終結後の承継人には、判決の効力が及ぶからである（民事訴訟法115条1項3号）。

●展開●　承継執行文の付与の要件

　次のいずれかの場合に、付与される（民事執行法27条2項）。

　1．その者に対し、またはその者のために強制執行をすることができることが裁判所書記官（もしくは公証人）に明白であるとき

　　→判決による登記の場合、公証人が執行文を付与する可能性はない。

　2．債権者がそのことを証する文書を提出したとき

宿題5　上記の文書を提出することができないときに、債権者に何らかの手段はあるか？

設問8

　Aから甲への売買による所有権移転登記がされた後、被告（甲）に対し所有権抹消登記手続を命じる判決が確定した。

　事実審の口頭弁論の終結の後に、次の事情が発生したときに、原告Aは承継執行文の付与を受けて乙の登記を抹消することができるか？

1．甲が乙に対して売買による所有権移転登記をしたとき。

2．乙が甲を単独で相続し、相続登記を経由したとき。

1について

　抹消原因となる判決理由が、A甲間の売買の不存在など、登記の無効を第三者に対抗できる場合であれば、原告Aは承継執行文の付与を受けて乙の登記を抹消することができる（昭32.5.6－738）。

　仮に、抹消原因が解除の場合のように、登記をした第三者に対抗できないときは、乙の登記を抹消することができないものと解される。

2について

　原告Aは承継執行文の付与を受けて乙の登記を抹消することができる。

《関連事項》判決の効力の及ぶ範囲

　事実審の口頭弁論の終結後の承継人には、判決の効力が及ぶ（民事訴訟法115条1項3号）。

　逆にいえば、事実審の口頭弁論の終結前の承継人には、判決の効力は及ばない。

　たとえば、事実審の口頭弁論終結の前日に、被告が目的不動産を第三者に譲渡しその登記をしたら、判決は、登記名義人ではない者に登記手続を命じたマヌケな判決になる。

宿題5の解答▼

> 　執行文付与の訴えを提起することができる（民事執行法33条1項）。
> 　「執行文付与の訴え」は、民事執行法27条1項・2項の定める文書（各自、条文参照のこと）を提出することができないときに提起することができる。
> 　→以上、明確にしよう。

●展開● 　執行文付与の訴えの管轄（民事訴訟法における重要論点）

　執行文付与の訴えは、原則として、第1審裁判所が管轄する（詳細は、民事執行法33条2項）。

　執行文付与の訴えについての管轄の規定は、執行文付与に対する異議の訴

え、請求異議の訴えに準用される（民事執行法34条3項、35条3項）。

　以上は、いずれも、債務名義の成立に係る裁判に関与した裁判所が、執行文の付与や強制執行の可否等の事情について判断をするのにふさわしいためである。

　これに対して、第三者異議の訴えは、執行裁判所が管轄する（民事執行法38条3項）。

　第三者異議の訴えは、債務名義の成立の過程とは無関係に、執行手続自体の適法、違法を争う訴えであるから、これにふさわしい裁判所は、執行裁判所そのものである。

設問 9

　甲に対して所有権移転登記手続を命じる判決が確定した。
　しかし、判決主文にも、理由中にも、登記原因に関する記載がない。
　当該判決をもって登記の申請をすることができるか？

　できる。

　登記原因は「年月日判決」（日付は判決確定の日）である。

　元来、判決により物権変動が起きることはないが、この判決を無効とするわけにもいかないので登記所が妥協したのである。

　このほか、登記原因は読み取れるが、その日付が不明な場合は「年月日不詳売買」などの登記原因を使うこともある。

●展開●　簡易裁判所における登記請求訴訟

　不動産の登記請求訴訟は、不動産に関する訴えに属する。

　民事訴訟法は、これを重要な訴訟と考える。

　このため、事物管轄や移送の点で、特有の問題を生ずる。

　地方裁判所での訴訟代理権のない司法書士にとっては、重大な問題が発生することになる。

　→この問題を理解しておくと、後日、民事訴訟法の学習が楽になる。

1．事物管轄

訴額が金140万円以下の場合、簡易裁判所、地方裁判所のいずれにも管轄権がある（裁判所法24条1号、33条1項1号）。

→原告側の司法書士は、当然、簡易裁判所を選択するだろう。

2．必要的移送

簡易裁判所は、その管轄に属する不動産に関する訴訟につき被告の申立てがあるときは、訴訟の全部または一部をその所在地を管轄する地方裁判所に移送しなければならない。

ただし、その申立ての前に被告が本案について弁論をした場合は、この限りでない（民事訴訟法19条2項）。

→上記は、原告の側に、簡易裁判所、地方裁判所の選択権があったことに対応して、被告の側にも同様の選択権を認める趣旨の規定である。

→被告が、漫然と本案について弁論をすれば、必要的移送がされることはない。

3．任意的移送

簡易裁判所は、訴訟がその管轄に属する場合においても、相当と認めるときは、申立てによりまたは職権で、訴訟の全部または一部をその所在地を管轄する地方裁判所に移送することができる（民事訴訟法18条）。

→必要的移送のケースに当たらなくても、簡易裁判所の裁量で任意的移送がされることもある。

宿題6 | 簡易裁判所が任意的移送をしたとき、訴訟代理人であった司法書士に対抗策はあるか？

参考先例

被告は、所有権移転登記に必要な書類を交付せよとの判決により原告が単独で登記申請をすることができない（昭56.9.8－5483）。

→申請意思が擬制されていない。

甲から乙、乙から丙と順次所有権が移転し、丙が甲を被告として乙への所有権移転登記を命じる判決を得たときは、乙もその判決により単独で自己名

義の登記を申請することができる（昭44.5.21－553）。

　→債権者代位によってされた判決の効力が債務者に及ぶため（民事訴訟法115条
　　1項2号）。

　被告は、原告または原告の指定した者に対して所有権移転登記手続をする
との和解調書により、原告または原告の指定した者が単独で所有権移転登記
をすることができない（昭33.2.13－206）。

　→擬制されるべき意思表示の内容があいまいである。

　抵当権の被担保債権の転付命令により、差押債権者が単独で抵当権の移転
登記を申請することができない（昭6.10.21－1028）。

　→裁判所書記官からの嘱託による登記をすべき事案である。

　判決に、計算間違い、書き損じ等の明白な誤りがあるとき、判決の更正決
定がされた場合には、更正決定書とその確定証明書の提供を要する（昭53.6.
21決議）。

　判決に基づいて所有権移転登記を申請するときに、登記原因証明情報であ
る判決書正本に、登記名義人（被告）の現在の住所と、登記記録上の住所が
併記されていても、所有権移転登記の前提として、所有権登記名義人住所変
更の登記を申請することを要する（質疑登研611 P 171）。

　判決主文において中間省略登記を命じており、主文中に登記原因が明示さ
れているときは、その登記原因に基づいて中間省略登記を申請することがで
きる（昭35.7.12－1580）。

　判決主文において中間省略登記を命じているが、主文に登記原因が明示さ
れていない場合、中間および最終の登記原因に相続、遺贈、死因贈与が含ま
れていなければ、最終の登記原因を申請情報の内容として登記の申請をする
ことができる。（昭39.8.27－2885）。

　甲が（亡）乙の相続人丙丁に対して、乙名義の所有権移転登記の抹消を求

める訴訟を提起し勝訴判決を得た場合、事実審の口頭弁論の終結前に乙の死亡を原因とする相続による丙丁への移転登記がされていても、甲は、乙名義の登記の抹消の前提として、丙丁名義の相続登記を抹消することができる（昭38.12.28－3380）。

→本事案は、口頭弁論の終結前に相続の登記がされているが、もともと、被告を相続人丙丁としていた場合だから、丙丁名義の相続登記を抹消することができるのである。

宿題 6 の解答▼

> ある。
> 移送の決定および移送の申立てを却下した決定に対しては、即時抗告をすることができる（民事訴訟法21条）。
> →上記の規定中、「および」が重要。

宿題 7 ┃ 移送の決定に対して不服の申立てができないケースがあるか？

宿題 7 の解答▼

> ある。
> 民事訴訟法274条 2 項をご確認願いたい。
> 同条 1 項と併せて民事訴訟法において頻出である。この機会に覚えてしまおう。

設問10

被告に対して所有権移転登記手続を命じる判決が確定した。
判決書には、原告の住所氏名として、「代替住所Ａ　代替氏名Ａ」と表記されている。
この場合、原告は、申請情報に、その住所氏名を「代替住所Ａ　代替氏名Ａ」と記載して、判決による所有権移転登記を申請することができるか？

できない（令5.2.13-275）。

　不動産登記簿は、その権利関係を一般に公示するものであり、その性質上、匿名表記のままで登記をすることができないためである。

　→ただし、（仮）差押え、仮処分など処分の制限の登記は別論であり、こちらは匿名による登記が認められている。

　たとえば、原告の住所氏名を「東京都中区1番地1　山本太郎」とすると、申請情報の登記権利者には、その現住所と氏名の記載を要する。

　そして、添付情報として、判決書の人物（代替住所A　代替氏名A）と、申請情報の人物（東京都中区1番地1　山本太郎）の両者が同一人であることを証する裁判所書記官作成の証明情報の提供を要する。

　→その証明情報とは、原告の秘匿事項届出書面の記載内容を証明するものである。

《関連事項》自然人の住所の秘匿

　登記簿そのものには、匿名表記で記録することはできないが、登記事項証明書（または登記事項要約書）の交付の段階で、その住所を秘匿する仕組みが存在する。

　すなわち、登記記録に記録されている自然人の住所が明らかとなることにより、①人の生命もしくは身体に危害を及ぼすおそれがある場合、または、②①に準じる程度に心身に有害な影響を及ぼすおそれがあるような場合に、その者からの申出によって、登記事項証明書等には、その住所に代わる事項が記載されることとなる（不動産登記法119条6項）。

　→急所は、自然人に限定のハナシであることと、秘匿の対象は登記名義人の住所に限られず、登記事項となった自然人全般（例　抵当権の債務者など）という点である。

　→なお、氏名の秘匿はできないことに注意を要する。

第6章 ‖ 登記の効力

登記の効力には、対抗力、権利推定力、形式的確定力がある。

1．対抗力

民法177条の対抗力である。

仮登記には対抗力がない。

A→Bの所有権移転仮登記後に、Aが同一不動産をCに譲渡してその旨の登記（本登記）をすることができるのは、Bの仮登記に対抗力（他の権利を排除する力）がないためである。

同じ理由で、甲名義の地上権設定仮登記があっても、乙が後順位で地上権設定本登記をすることができる。

2．権利推定力

民法188条の占有者の占有の権利適法推定が有名なところであるが、不動産については、占有よりも登記の推定力のほうが強い。

3．形式的確定力

すでに登記された権利がある場合、これを無視して次の手続を進めることはできない。

たとえば、登記記録上、存続期間の満了した地上権の登記があるときに、これを無視して、後順位の地上権設定登記をすることができない。

設問1

手続上、登記が無効とされる事案は何か？

次のケースがある（不動産登記法25条1号～3号）。

1．管轄違いの登記
2．申請が登記事項以外の事項の登記を目的とするとき
3．申請に係る登記がすでに登記されているとき

　このほか、不動産登記法25条13号に掲げる事項が、手続上、登記が無効とされる事案となる。
　→その詳細は、不動産登記令20条参照。

　以上の登記は、無効であるから、たとえ、登記所が誤ってこれを受理しても、職権により抹消をすることができる（不動産登記法71条）。
　→抹消するためには、一定の手続を要する（同条参照）。

　なお、上記の不動産登記法25条1号～3号・13号以外の却下事由に該当する登記が誤ってなされたときは、その登記が実体に合致する限り、有効とされることになる。
　もちろん、職権抹消の対象ともならない。

《関連事項》審査請求

　登記の申請の受理処分は、不動産登記法25条1号～3号・13号の却下事由を見過ごしてされた場合のみ、審査請求の対象となると解される。
　それ以外の却下事由の場合、もともと登記官に抹消の権限がないから、審査請求による救済は不可なのである。
　→行政訴訟を提起するほか、方法はあるまい。

設問2
二重で所有権保存登記がされた場合、いずれの登記簿が無効であるか？

　後の登記簿である。
　申請に係る登記がすでに登記されていた（却下事由に該当）のは、後の登記簿だからである。
　したがって、この事例では、後の登記簿が閉鎖される。

　ただし、次の例外がある。
　1．後の登記簿にのみ、第三者の権利があるとき
　2．先の登記簿が表題部所有者名義、後の登記簿がその相続人名義の場合
　以上のケースは、後の登記簿を残し、先の登記簿を閉鎖する。

第7章 ‖ 所有権保存登記

設問1

　表題登記のみがされている甲建物を、Aが時効取得した。
　Aは所有権保存登記を申請することができるか？

　表題部所有者名義で所有権保存登記をし、その後に、時効取得によるAへの移転登記を申請すべきである（質疑登研383P92）。

　所有権保存登記を申請することができる者は、次の者に限定されている（不動産登記法74条1項）。
1．表題部所有者またはその相続人その他の一般承継人
2．所有権を有することが確定判決によって確認された者
3．収用によって所有権を取得した者

　このほか、区分建物にあっては、表題部所有者から所有権を取得した者も、所有権保存の登記を申請することができる（同条2項）。

→以上、誰が、所有権保存登記をすることができるかは、非常に重要な知識である。
→時効取得者は、上記に明記されていないため、所有権保存登記を申請することができないのである。

《関連事項》申請情報の内容

　所有権保存登記を申請する場合、申請人が上記のいずれに当たるかが、申請情報の内容となる（不動産登記令別表28、29）。
　次の要領である。
　「不動産登記法74条1項1号申請」
　「不動産登記法74条2項申請」
　なお、所有権保存登記をするときに、登記原因を登記すべきケースは、敷地権付区分建物の不動産登記法74条2項申請の場合に限られる。

《関連事項》表題部所有者の住所変更等

　表題部所有者が住所変更等をしている場合でも、表題部所有者の住所等の変更登記をすることなく、変更を証する情報（住民票の写し等）を提供して所有権保存登記を申請することができる。

設問 2

　表題登記のみがされている不動産（表題部所有者Ａ）について、原告Ｂは、被告Ａに対して所有権移転登記手続を命じる判決を得た。

　Ｂは、所有権保存登記を申請することができるか？

　できる（質疑登研140Ｐ44）。

　不動産登記法74条1項2号は、所有権を有することが確定判決によって確認された者に所有権保存登記の申請人適格を認めた。

　確定判決による所有権の確認は、形式を問わない。

　上記の事例のような給付判決のほか、確認判決、形成判決でもよい。

　判決主文中の判断だけではなく、理由中の判断により、所有権の確認ができる場合でもよい。

●展開●　判決の確定とは？

　判決が、それに対する上訴期間の経過または上訴権の放棄により、もはや争うことができないときに、判決は確定する。

　なお、判決は、その言渡しのときに効力が生じ（民事訴訟法250条）、上告審では、その時に確定する。

《関連事項》表題部所有者が複数いる場合

　判決による所有権保存登記をする場合、その判決は表題部所有者全員を被告とするものでなければならない（平10.3.20－552）。

　表題部所有者が死亡し、その相続人が複数いるときも同様である。

　→所有権一部保存の登記はすることができないためである。

◆一問一答◆

問 表題登記のみがされている甲建物を、Aが時効取得しAが甲建物を所有することを確認する確定判決を得たときは、Aは所有権保存登記を申請することができるか？

答 申請することができる。所有権を有することが確定判決により確認できるからAは法74条1項2号の申請人適格を有する。

設問3

次の者は、所有権保存登記をすることができるか？
1. 表題部所有者の合併による承継会社
2. 表題部所有者の会社分割による承継会社
3. 遺産分割により当該不動産を取得した表題部所有者の相続人

1について

できる。

表題部所有者の一般承継人である（不動産登記法74条1項1号後段）。

2について

できない。表題部所有者の一般承継人に当たらない。

→本事例は、分割会社に所有権保存登記をした後、会社分割による承継会社への移転登記を申請すべき。

3について

できる。

表題部所有者の一般承継人である（不動産登記法74条1項1号後段）。

設問4

表題部所有者が死亡した。

共同相続人の1人（甲）は、自己の持分のみの所有権保存登記をすることができるか？

できない。

所有権一部保存登記はすることができない。

→共有物の保存行為として、甲は、他の共同相続人を含めて、所有権保存登記を
　することができる。

設問 5

　ある不動産（区分建物ではない）の表題部所有者がＡおよびＢである。
　その双方が死亡し、Ａの相続人が甲、Ｂの相続人が乙であるとき、甲
　はいかなる登記を申請することができるか？

次の、いずれの登記も申請できる。

1．ＡＢ名義の所有権保存登記

2．Ａ乙名義の所有権保存登記

3．甲Ｂ名義の所有権保存登記

4．甲乙名義の所有権保存登記

　本事例では、Ａの死亡、Ｂの死亡という2つの相続事件が発生しているが、
所有権保存登記は、登記原因を登記する必要がない（敷地権付区分建物を除
く）ため、この点の配慮を要せず、1回の申請で最終の権利者である甲乙名
義の所有権保存登記をすることができる。

　このほか、死亡したＡＢ両名も、不動産登記法74条1項1号前段の規定に
より、所有権保存登記を受けることができるので、上記4つの方法のいずれ
も可能である。

　以下は、亡Ａと亡Ｂ名義の所有権保存登記を申請する場合の申請情報の内
容である。

```
登記の目的   所有権保存
所有者      持分何分の何    亡A
                        上記相続人　甲
           持分何分の何    亡B
                        上記相続人　乙
```

設問 6

　区分建物（表題部所有者A）において、次の者は所有権保存登記をすることができるだろうか？
1．Aの相続人から当該建物を買ったB
2．Aから当該建物の贈与を受けたC
3．Aから当該建物を買った者から転売されたD
4．Aから当該建物を買ったが、その後にAが死亡した場合のE

1について

　Bは、所有権保存登記をすることができない。

　不動産登記法74条2項の「表題部所有者から所有権を取得した者」とは、「直接取得した者」という意味である。

2について

　Cは、所有権保存登記をすることができる。

　→表題部所有者から所有権を取得した者に該当する。

3について

　Dは、所有権保存登記をすることができない。

　→直接取得した者に当たらない。

4について

　Eは、所有権保存登記をすることができる。

　→表題部所有者から所有権を取得した者に該当する。

　→Aが作成すべきであった登記申請に必要となる情報は、Aの相続人がこれを作成することができる。

《関連事項》区分建物における不動産登記法74条1項1号申請

　区分建物の表題部所有者Aは、自己名義の所有権保存登記を申請することができる。

> →不動産登記法74条2項は、区分建物の特則であるが、区分建物について不動産登記法74条1項申請を排除する趣旨ではない。

設問7

　敷地権付区分建物について、表題部所有者と売買契約をした後に、敷地権の登記名義人の承諾を得た。登記原因日付はいつになるか？

　売買契約の日である。

　敷地権の登記名義人の承諾は、不動産登記法74条2項後段に根拠があり、実体法とは関係がない。

確認事項　区分建物の不動産登記法74条2項による所有権保存登記の添付情報

　住所証明情報、代理権限証明情報のほか、次の情報である。

1．敷地権の登記のない区分建物
　　所有権譲渡証明情報
2．敷地権付区分建物
　　登記原因証明情報、敷地権の登記名義人の承諾情報

設問8

　賃借権を敷地権とする区分建物について、不動産登記法74条2項の所有権保存登記の申請をする場合、誰の承諾情報を要するか？

　賃借権の登記名義人の承諾情報である（不動産登記法74条2項後段）。

　このほか、当該賃借権の登記に「譲渡できる」旨の特約の登記がされていなければ、所有権の登記名義人の承諾情報の提供も要することになる。

> →これは、賃借権の譲渡に対する賃貸人の承諾である（民法612条1項）。

　表題登記のない不動産について、表題部の登記を申請せずに、所有権
保存登記をすることができるケースはあるだろうか？

　不動産登記法74条 1 項 2 号（判決）、3 号（収用）の申請をすることがで
きる（不動産登記法75条）。

　→この場合、申請人が提供する図面等を元に、登記官が表示の登記をする。

　→なお、このケースは、表題部所有者の登記がされない。表題登記を申請する者
　　がいないし、登記の実益もない（判決の被告や収用の名宛人を表題部所有者と
　　して登記する意味がない）からである。

　所有権保存登記が職権でなされることがあるだろうか？

　ある。
　未登記不動産について、処分制限の登記が嘱託された場合である。

《関連事項》仮登記を命ずる処分

　仮登記を命ずる処分は、処分制限の登記とは別物である。

　たとえば、未登記不動産について、抵当権設定仮登記を命ずる処分を得た
者は債権者代位により表題部所有者名義の所有権保存登記を申請した後に、
抵当権設定仮登記を申請することを要する。

　宿　題　　未登記の甲不動産を差し押える場合、どこの裁判所で、いかなる
　　　　　　　手続を要するか？

参考先例

　所有権の登記のない不動産（区分建物ではない）を、表題部所有者Aが生
前にBに売却していたときは、A名義で所有権保存登記をした後に、Bへの
所有権移転登記を申請すべきである（昭32.10.18－1953）。

　表題部所有者が死亡したが、その相続人があることが明らかでない場合、

相続財産清算人が、相続財産法人名義の所有権保存登記を申請することができる（質疑登研399 P 82）。

区分建物の表題部所有者甲が、その持分の一部を乙に売り渡したときは、甲乙の共有名義の所有権保存登記をすることはできない（質疑登研571 P 71）。

本事例（質疑登研571 P 71）では、以下の登記を申請すべきことになる。

1／2

登記の目的	所有権保存
所有者	甲

2／2

登記の目的	所有権一部移転
原因	年月日売買
権利者	持分何分の何　乙
義務者	甲

宿題の解答▼

不動産執行については、その所在地を管轄する地方裁判所が、執行裁判所として管轄する（民事執行法44条1項）。

差押えの要件は、債務名義の存在（確定の必要はない）、執行文の付与、債務名義の債務者への送達の3つである。

第8章 ‖ 敷地権の登記の問題

区分建物において、建物の専有部分と敷地利用権の分離処分が原則として禁止される（区分所有法22条1項本文）。

→分譲マンションの一室とこれに付着する敷地利用権を別々に処分するなどいうこと。

これは、実体法の問題であるが、この分離処分禁止の原則が公示されたものが、敷地権の登記である。

→敷地利用権は実体法の用語、敷地権は登記法の用語。

設問1

敷地権たる旨の登記はどのようになされるか？

建物登記簿の表題部について、敷地権の表示の登記を申請する。

これにより、登記官が、職権で土地の登記簿に敷地権たる旨の登記をする。

《関連事項》敷地権の種類

所有権、地上権、賃借権のいずれかである。

◆一問一答◆

問 次のうち、登記官が職権でするのはいずれか？
1．敷地権の表示の登記
2．敷地権たる旨の登記

答 2の「敷地権たる旨の登記」である。

設問2

地上権、賃借権が敷地権である場合、敷地権たる旨の登記は、主登記でされるか、付記登記でされるか？

敷地権たる旨の登記は、敷地権の種類を問わず、常に主登記でされる。

《関連事項》工場財団に属した旨の登記

所有権が工場財団に属した旨の登記は主登記でされる。

地上権、賃借権が工場財団に属した旨の登記は付記登記でされる。

敷地権の登記がされた場合、建物の専有部分と敷地権の分離処分は、実体法だけでなく登記手続上も、原則として禁止されることになる。

分離処分の禁止される処分には、権利の移転や担保設定などが含まれる。

これらの処分は、専有部分と敷地権を一体として行わなければならない。

【ポイント】

分離処分禁止の原則は専有部分とこれに付着する敷地権に発生する。

設問 3

　地上権が敷地権である場合、土地の所有権のみを処分することができるか？

できる。

本事例では、専有部分と一体化しているのは、地上権たる敷地権であり、土地所有権ではない。

設問 4

　敷地権の登記がされた後、区分建物のみについて次の登記を申請することができるか？

1．区分建物はAが、敷地権はBが相続するという遺産分割協議に基づく所有権移転の登記

2．区分建物のみを時効取得したとする所有権移転の登記

3．敷地権の登記後にされた、区分建物のみの売買予約に基づく所有権移転請求権仮登記

いずれも、申請することができない。

分離処分禁止の原則に違反している。

このように、敷地権の登記がされた後は、建物だけの登記、土地のみの登記は、原則としてすることができないことになる。

→例外的に、建物だけの登記、土地のみの登記をすることができる事例がないわけではない。

そして、区分建物についてされた登記は、原則として、これに付着する敷地権にも効力が及ぶことになる（不動産登記法73条1項本文）。

→土地の登記簿には、原則として、何も記載されなくなる。ここも、例外的に記載されるケースがないわけではない。

《関連事項》のみ付記

登記官は、建物のみに効力を生じる登記をしたとき（例外的な事例）は、当該登記に付記する方法により、当該登記が建物のみに関する旨および登記の年月日を記録しなければならない（不動産登記規則156条）。

→のみ付記をしないと、土地にも効力のある登記として公示されてしまうためである。

設問5

敷地権の登記がされた後に、建物のみにすることができる登記にはどういうものがあるか？

大別して2つある。
・分離処分に当たるが登記をすることができるケース
・分離処分に当たらないから登記をすることができるケース

1．分離処分に当たるが登記をすることができるケース

次のとおりである（不動産登記法73条3項ただし書）。

　　1．建物の敷地権が生ずる前にその登記原因が生じた建物のみの所有権についての仮登記

２．建物の敷地権が生ずる前にその登記原因が生じた質権もしくは抵当
　権に係る権利に関する登記

→敷地権が生ずる前にその登記原因が生じたのであれば、所有権仮登記、
　担保権（質権・抵当権）について登記を認めるという趣旨である。なお、
　上記 2 に「先取特権」の記載がないことに注意せよ。

→上記、いずれも、「のみ付記」がされる。これがないと土地にも効力が及
　ぶ登記に見えてしまうため。

◆ポイント◆　所有権の移転の本登記が認められることはない。

　上記 2 つのケースは、いずれも、所有権移転の本登記の一歩手前まで認め
る趣旨である。

→建物のみの所有権の移転の本登記は、敷地権の表示の登記を抹消した後でなけ
　れば認められないのである。

　このほか、次のケースにおいて、分離処分に当たる建物のみの登記をする
ことができる。

１．建物のみに設定された抵当権の実行としての差押えの登記

→これも、所有権移転の一歩手前。既存の抵当権者による差押えであるた
　め登記が認められる。

２．建物の敷地権が生ずる前にその登記原因が生じた建物のみを目的とす
　る根抵当権の極度額の増額の変更登記

→根抵当権の極度額の増額は、根抵当権の追加設定の実質があるため、登
　記原因が敷地権の登記がされる前であれば登記をすることができる。

《関連事項》一般の先取特権

　登記原因の日付のいかんを問わず、敷地権付区分建物の建物（または土地）
のみについて一般の先取特権の登記をすることができない。

→一般の先取特権は債務者の総財産を目的とするためである。

→なお、不動産売買の先取特権も、売買自体について分離処分が禁止されている
　ため、建物のみについての登記をすることができないものとされている。

2．分離処分に当たらないから登記をすることができるケース

　　分離処分に当たらないから登記をすることができる場合は、登記原因の日付のいかんを問わず、建物のみの登記をすることができる。

　　いろいろあるが、以下にその例を挙げる。

　　なお、「のみ付記」がされるかどうかにも注意のこと。

　　登記簿上、建物にしか効力のない登記であることが明らかなときには、のみ付記がされることはない。

1．敷地権が賃借権である場合の建物のみの抵当権設定登記
　　　→そもそも土地に抵当権を設定することができないケース。
　　　→「のみ付記」はされない。
2．土地に抵当権が設定され、建物を新築して敷地権の登記がされた後にする区分建物のみを目的とする抵当権の追加設定の登記
　　　→この登記により、一体化する。
　　　→「のみ付記」をする。
3．区分建物のみを目的とする不動産保存（工事）の先取特権保存の登記
　　　→建物について保存行為をすれば、先取特権は建物にしか生じない。
　　　→「のみ付記」はされない。
4．区分建物を賃貸したときの賃借権の登記
　　　→敷地権は賃貸の対象ではない。
　　　→「のみ付記」はされない。
5．区分建物についての処分禁止の仮処分の登記
　　　→係争物が建物だけの場合がある。
　　　→「のみ付記」をする。
6．表題部所有者がする不動産登記法74条1項1号申請
　　　→「のみ付記」はされない。

　　このほか、区分建物のみ（または土地のみ）を目的とする既存の（根）抵当権があるときに、その債務者の変更、債権の範囲の変更、債権額（極度額）の減少による変更、あるいは、権利の移転の登記など、既存の権利の内容等に変化が生じただけのときは、その旨の登記をすることができる。

◆一問一答◆

問　敷地権の登記がされる前の日を登記原因として建物だけに抵当権設定登記が申請されたときは、登記官は「のみ付記」をするか。

答　「のみ付記」をする。これをしないと土地にも効力が及ぶ抵当権として公示されてしまう。

《関連事項》**申請情報の表示**

　建物のみに関する登記を申請するときは、不動産の表示は、一棟の建物の表示と専有部分の建物の表示のみを記載すればよい。

　→申請の対象とはならないから、敷地権の表示を要しない。

　なお、一棟の建物の表示については、建物の名称を記載すれば、一棟の建物の構造および床面積の表示を省略することができる（不動産登記令 3 条 8 号ヘカッコ書）。

設問 6

　敷地権の登記がされた後に、土地のみにすることができる登記にはどういうものがあるか？

　次のものがある。

1．敷地権の目的となる前にその登記原因が生じた土地のみの所有権についての仮登記

2．敷地権の目的となる前にその登記原因が生じた質権もしくは抵当権に係る権利に関する登記

3．土地のみに設定された抵当権の実行としての差押えの登記

4．敷地権の目的となる前にその登記原因が生じた土地のみを目的とする根抵当権の極度額の増額の変更登記

5．土地のみを目的とする不動産保存（工事）の先取特権保存の登記

6．土地についての処分禁止の仮処分の登記

7．敷地権が、地上権または賃借権であるときの所有権に関する登記

8．区分地上権、賃借権の登記

　→地上権はもともと土地にしか成立しない。また、1 個の賃借権が建物と土

地の両方を目的とするとはできないため、賃借権も別個に登記をすることになる。

9．敷地権付区分建物に抵当権の設定がされた後、規約敷地が追加されたときの当該規約敷地への抵当権の追加設定

→規約敷地とは、区分建物の管理組合の規約により敷地とされる土地のこと。

10．敷地権が地上権、賃借権であるときの放棄（解除）等を原因とする抹消登記

→法律上、当然に消滅するため。

→まず、地上権、賃借権の抹消登記をした後、敷地権の表示の登記の抹消の申請をすることになる。

◆一問一答◆

問 敷地権の登記がされる前の日を登記原因として土地だけに抵当権設定登記が申請されたときは、登記官は「のみ付記」をするか。

答 「のみ付記」をしない。土地の登記簿に「のみ付記」がされることはない。

《関連事項》**専有部分と敷地権の双方を目的とする抵当権の一方のみの放棄**

専有部分と敷地権の双方を目的とする抵当権について、その一方のみの放棄することは分離処分に当たる。

このため、その登記を申請することができない。

《関連事項》**仮差押え、差押え**

一般債権者がする仮差押え、差押えは、債務者の一般財産全般を目的とすることができるから、一般論として、区分建物（または敷地権）のみを目的とすることができない。

→ただし、敷地権の発生前に建物（または土地）のみについて強制競売の開始決定がされ、敷地権の登記後に差押えの登記が嘱託された場合には、その登記をすることができるものとされている。

宿　題┃　仮差押えの管轄および要件は？

《関連事項》申請情報の表示

土地のみに関する登記を申請するときは、不動産の表示は、土地の表示のみ（所在、地番、地目、地積）を記載すればよい。

設問 7

　土地所有権を敷地権とする旨の登記がされた後に、土地のみを目的として設定された根抵当権の譲渡による移転登記をするときは、誰の承諾を要するか？

敷地権付区分建物の所有者を含めた、土地の共有者全員の承諾を要する。

宿題の解答▼

以下、民事保全法において頻出の条文である。
1．保全命令事件は、本案の管轄裁判所または仮に差し押さえるべき物（もしくは係争物）の所在地を管轄する地方裁判所が管轄する（民事保全法12条1項）。
2．保全命令の申立ては、その趣旨ならびに保全すべき権利または権利関係および保全の必要性を明らかにして、これをしなければならない（民事保全法13条1項）。

　保全すべき権利または権利関係および保全の必要性は、疎明しなければならない（同条2項）。
3．仮差押命令は、金銭の支払を目的とする債権について、強制執行をすることができなくなるおそれがあるとき、または強制執行をするのに著しい困難を生ずるおそれがあるときに発することができる（民事保全法20条1項）。

　仮差押命令は、前項の債権が条件付または期限付である場合においても、これを発することができる（同条2項）。

第9章 仮 登 記

仮登記は、次の場合にすることができる（不動産登記法105条）。

1号仮登記

実体上の権利変動が生じたが、本登記をするための手続上の条件が備わっていないときにする仮登記である。

具体的には、次の情報を提供することができないときである（不動産登記規則178条）。

① 登記識別情報
② 第三者の許可、同意もしくは承諾を証する情報

→印鑑証明書の添付不能、登録免許税の納付の不能はいずれも仮登記をする理由とはならない。

→実体上の権利変動が生じていないときに1号仮登記をすることはできない。抵当権の順位変更の仮登記、共同根抵当権設定の仮登記はいずれも不可である。

2号仮登記

権利の設定、移転、変更または消滅に関して請求権（始期付または停止条件付のものその他将来確定することが見込まれるものを含む）を保全しようとするときにする仮登記である。

→カッコ書は、停止条件付の売買予約権などを意味する。

《関連事項》登録免許税額

不動産価額を課税標準とする場合には、本登記の場合の2分の1の税額となる。

→売買による所有権移転仮登記は、税率が、10／1000。

それ以外のケースは、不動産1個について金1000円である。

→抵当権設定仮登記は、これに当たる。

設問 1

　　裁判所が仮登記を命じる処分をした場合、相続を原因とする所有権移転仮登記をすることができるか？

　できない（昭57.2.12－1295）。

　相続を原因とする所有権移転登記は単独申請であるから、登記識別情報の提供はもともと不要、また第三者の許可等を要する可能性もない。

　→ 1号仮登記の要件に当たることはない。

《関連事項》被相続人名義の 1 号仮登記がされている場合

　亡甲名義の 1 号仮登記がされている場合、甲が死亡したら次の登記を申請する。

登記の目的　 1 番仮登記所有権移転の仮登記
原因　　　　年月日相続

設問 2

　　所有権保存の仮登記を申請することができるか？

　できる。

　表題部所有者とは違う人物が、裁判所から仮登記を命ずる処分を得てするときに限り、認められる。

　→所有権を確認する確定判決を得るまでの時間稼ぎである。

《関連事項》仮登記の実益

　一般論として、共同申請によるべき登記は、仮登記をすることができる（設定、移転、抹消、変更、更正、抹消回復など）。

　登記識別情報の提供不能のケースがあるためである。

　→遺贈や会社分割を原因とする 1 号仮登記も、もちろん、することができる。

　しかし、順位保全の実益がないときは、仮登記は否定されるものと解される。

　たとえば、抵当権の債務者の変更の仮登記はすることができない。

◆一問一答◆

問　所有権保存仮登記の登録免許税の額は？

答　不動産価額の 2 ／1000である。

設問3

　建物の新築による不動産工事の先取特権保存の仮登記をすることができるか？

できない（質疑登研540 P 170）。

　建物の新築による不動産工事の先取特権保存の登記の申請には、登記識別情報の提供を要しないからである。

→すでに登記された建物の増築のケース等は、不動産工事の先取特権保存の仮登記をすることができる。

設問4

　次の情報のうち、仮登記をする際に提供を要するものはあるか？
　1．登記原因についての第三者の許可、同意または承諾情報（不動産登記令 7 条 1 項 5 号ハ）
　2．権利の変更、更正登記に係る利害関係人の承諾情報（不動産登記法66条）
　3．抹消登記に係る利害関係人の承諾情報（不動産登記法68条）
　4．抹消回復に係る利害関係人の承諾情報（不動産登記法72条）

　仮登記を付記で受けたいときに、 2 の権利の変更、更正登記に係る利害関係人の承諾情報の提供を要する。

　その他の情報は、一切、不要である（不動産登記法105条、不動産登記規則178条参照）。

　これは、仮登記とこれに基づく本登記は順位を同じくするため、仮登記の段階で、主登記か付記登記かという順位を決定する必要があるためである。

　なお、逆に、仮登記の本登記をする際には、上記 1 、 3 、 4 の承諾情報を

提供することを要し、2の情報は不要となる。

《関連事項》農地の所有権移転仮登記（1号仮登記）

農地の所有権移転仮登記をする場合、農地法の許可情報の提供は要しない。

しかし、許可は受けていることを要する。

なぜなら、1号仮登記は、実体上の権利変動（ここでは、所有権の移転）が生じたときにすることができるからである。

→たとえば、許可情報を紛失したという場合に、1号仮登記をすることになる。

設問5

　共同申請により所有権移転仮登記をする際に必要な添付情報（書面により提供する場合）は何か？

次の情報である。

1．登記原因証明情報

2．印鑑証明書

3．代理権限証明情報

→住所を証する情報が不要となることに注意のこと。

なお、仮登記は仮登記権利者が単独で申請することができる（不動産登記法107条1項）。

この場合、次の情報のうち、いずれかを提供する。

1．仮登記義務者の承諾情報

2．仮登記を命ずる処分の決定書正本

→仮登記を命ずる処分の申立ては、仮登記原因を疎明して、不動産所在地を管轄する地方裁判所に対してする（不動産登記法108条2項・3項）。

なお、仮登記を命ずる処分により登記をする際の登記原因が、「年月日仮登記を命ずる処分」とされることはない。

> 次の 2 号仮登記の申請をすることができるか？
> 1．相続を原因とする所有権移転請求権仮登記
> 2．遺贈予約を原因とする所有権移転請求権仮登記
> 3．会社分割の予約を原因とする所有権移転請求権仮登記
> 4．離婚前にする財産分与予約を原因とする所有権移転請求権仮登記
> 5．譲渡担保を原因とする所有権移転請求権仮登記
> 6．信託を原因とする所有権移転請求権仮登記および信託の仮登記
> 7．真正な登記名義の回復を原因とする所有権移転請求権仮登記

以上、いずれも登記をすることができない。

その理由は以下のとおりである。

1 から 4 について

保全すべき「請求権」そのものの発生が認定できないのである。

たとえば、財産分与の予約は、民法上、効力を生じないものと解されている。

→そもそも離婚予約に効力がない。相続予約、遺贈予約等も同じ原理であり、死亡予約そのものに効力がない。

5 から 7 について

譲渡担保等により、いずれも、すでに所有権が移転している。

したがって、申請するとすれば、1 号仮登記である。

《関連事項》次の 2 号仮登記はすることができる。

1．始期付所有権移転仮登記　年月日贈与（始期　何某の死亡）
　　→死因贈与である。
2．根抵当権変更請求権仮登記　年月日変更予約
3．条件付所有権移転仮登記　年月日売買（条件　農地法 3 条の許可）

《関連事項》根抵当権の極度額の変更予約に関する論点

仮登記の際に、利害関係を有する第三者の承諾情報の提供が必須のものと

なる。

　根抵当権の極度額の変更は、本登記を付記でしかすることができない。

このため、仮登記の段階で、第三者の承諾情報が必須となるのである。

→なお、本登記の際には、承諾情報の提供を要しない。

設問7

　仮登記は共同申請が原則であるが、仮登記権利者が単独で申請することもできるものとされている。

　では、以下の登記（いずれも本登記）について、単独で申請することができるものはあるか？

1．仮登記の変更・更正登記

2．仮登記の抹消登記

いずれも、単独申請が可能である。

1について

不動産登記法107条1項の適用がある（昭42.8.23−2437）。

2について

次のいずれかの方法で単独抹消できる。

1．仮登記名義人による単独抹消（不動産登記法110条前段）

　　→登記識別情報（所有権に関する仮登記の抹消のときはプラス印鑑証明書）
　　　を提供する。

2．登記上の利害関係人による単独抹消（同条後段）

　　→仮登記名義人の承諾情報を提供する。

　　→登記上の利害関係人には、仮登記義務者が含まれる（質疑登研461P118）。

設問8

　仮登記がされた権利が移転した場合の、登記の目的および登記の実行の形式（主登記か付記登記か。本登記か仮登記か。）はどうなるだろうか？

> 1. 仮登記された所有権（1号仮登記）が移転したとき。
> 2. 仮登記された所有権（1号仮登記）について売買予約がされたとき。
> 3. 仮登記された売買予約権（2号仮登記）が移転したとき。
> 4. 仮登記された売買予約権（2号仮登記）について売買予約がされたとき。

1について

　登記の目的は、「何番仮登記所有権移転の仮登記」。

　登記の実行形式は、主登記の仮登記。

　　→所有権は確定的に移転しているが、元になる権利に対抗力がないため、譲受人の権利も仮登記となる。

　　→移転する権利は、所有権だから登記は主登記でされる。

　仮登記をするのであるから、単独申請も可能。登記識別情報の提供を要しない。

《関連事項》仮登記所有権に抵当権を設定した場合

　この場合も、元となる所有権に対抗力がないため、抵当権設定仮登記を申請する。

2について

　登記の目的は、「何番仮登記所有権の移転請求権仮登記」。

　登記の実行形式は、主登記の仮登記。

　　→売買予約権が発生しているから、2号仮登記となる。

　　→将来、本登記の際に移転する権利は所有権だから登記は主登記でされる。

　仮登記をするのであるから、単独申請も可能。登記識別情報の提供を要しない。

3について

　登記の目的は、「何番所有権移転請求権の移転」。

　登記の実行形式は、付記登記の本登記。

　　→売買予約権が移転している（売買予約権という債権が譲渡されたのである）か

ら、本登記をする。

→移転する権利は売買予約権（所有権以外の権利）だから登記は付記登記でされる。

なお、この事例は、本登記をするのであるから、判決によるほかは、共同申請でなければならない。登記識別情報の提供も要する。

4 について

　登記の目的は、「何番所有権移転請求権の移転請求権仮登記」。

　登記の実行形式は、付記登記の仮登記。

→売買予約権を目的とする売買予約をしているから、2 号仮登記となる。

→移転請求権の目的となる権利は売買予約権（所有権以外の権利）だから登記は付記登記でされる。

仮登記をするのであるから、単独申請も可能。登記識別情報の提供を要しない。

《関連事項》登録免許税額

　登録免許税額は、所有権が移転する 1 と 2 は不動産価額の10／1000。

　売買予約権が移転する 3 と 4 は不動産 1 個について金1000円である（付記登記分。登録免許税法別表1.1⒁）。

参考先例

　条件付所有権移転仮登記がされている場合、その条件の成就を条件とする抵当権設定仮登記を申請することができる（昭39.2.27−224）。

　所有権移転請求権を目的として抵当権設定（請求権）の仮登記をすることはできない（質疑登研519Ｐ189）。

　次の仮登記の更正は可能か？
1．仮登記原因を、売買→贈与とする更正
2．1号仮登記を2号仮登記にする更正
3．2号仮登記を1号仮登記にする更正

　いずれも可能である。

　登記権利者は、仮登記権利者であることが原則であるが、1号仮登記を2号仮登記にする更正をする場合のみ、仮登記権利者に不利と考えられるため、仮登記義務者が登記権利者として更正登記を申請する。

■参考■　1号仮登記を2号仮登記に更正する場合の申請情報の記載例

登記の目的	何番所有権移転仮登記更正
原因	錯誤
更正後の事項	目的　何番所有権移転請求権仮登記
	原因　年月日売買予約

　仮登記に基づく本登記をする際の注意点を述べよう。

1．利害関係人

　仮登記に基づく本登記をするときに、登記上の利害関係人の承諾を要するのは、所有権に関する仮登記に基づく本登記の場合に限られる（不動産登記法109条1項）。

　このため、抵当権設定仮登記や地上権移転仮登記など、およそ、所有権以外の権利の仮登記に基づく本登記について利害関係人の承諾を考慮する必要はない（以上、明確に）。

　→なお、抹消登記（不動産登記法68条）、抹消回復登記（不動産登記法72条）についての承諾情報は別論である。たとえば、抵当権抹消の仮登記の本登記をするときは、不動産登記法68条の承諾情報を要する。

《関連事項》利害関係人の範囲

　所有権に関する仮登記に基づく本登記をする場合、仮登記に後れる者のう

ち、次の者を除く者が利害関係人となる（ここも明確に）。

1．仮登記に先順位の権利者から付記で登記を受けた者

　　→仮登記に優先する地位を承継している者。

2．すでに第三者に権利を移転した過去の登記名義人

　　→すでに権利を失った者。

3．仮登記を目的とする権利の登記名義人

　　→仮登記所有権を目的として抵当権設定仮登記を受けた者など。

《関連事項》地上権設定仮登記の本登記

　地上権設定仮登記（甲）に後れて第三者の地上権設定登記（乙）がされた場合、甲が地上権設定仮登記の本登記をするためには、前提として、乙の地上権の登記を抹消する必要がある。

　→乙の承諾情報を提供して、甲が本登記をするという手続が存在しないため。

設問10

　所有権移転仮登記（権利者Ｙ）に先順位の根抵当権（根抵当権者Ｘ）が登記されている。

　仮登記に後れる受付番号で、その根抵当権の極度額の増額の登記がされたときは、仮登記に基づく本登記をするときにＸが利害関係人となるか？

ならない。

極度額の増額変更の登記の際に、Ｙは承諾しているはずである。

したがって、仮登記の本登記をしても、極度額の増額の登記に影響がない。

2．申請人

設問11

　仮登記に基づく本登記の申請人は誰か？

　申請人は、仮登記権利者が権利者、仮登記義務者が義務者である。

　→単純明快な話である。

しかし、次の例外がある。

1. 仮登記義務者が死亡し、相続登記がされているとき。
   相続人を登記義務者として、仮登記に基づく本登記を申請する。
   →この場合、相続人は申請人であり、登記上の利害関係人にはカウントされ
     ないことに注意を要する。
   →なお、当該仮登記が1号仮登記のときは、目的不動産は相続財産を構成し
     ないから、相続登記そのものが誤りであるといえる。しかし、便宜、相続
     登記を抹消することなく、上記の、相続人を登記義務者とする仮登記に基
     づく本登記をすることができるものとされている。

2. 抵当権設定仮登記の後、所有権が移転したとき。
   仮登記義務者を登記義務者、現在の所有権登記名義人のいずれを登記義
   務者とするいずれの登記の申請をすることもできる（昭37.2.13-75）。
   →地上権設定仮登記等のケースも同様である。

3. 放棄を原因とする抵当権抹消仮登記の後、甲から乙に抵当権移転登記を
   した場合、仮登記の本登記の登記義務者は、甲でも乙でもよい（昭37.10.
   11-2810）。
   →なお、甲を登記義務者とするときは、乙が利害関係人であり、乙の承諾情
     報の提供を要することになる。

参考先例 ◇◇◇◇◇◇◇◇◇◇◇◇◇◇◇◇◇◇◇◇◇◇◇◇◇◇◇◇◇◇◇◇◇◇◇◇◇

　　仮登記された甲の所有権移転請求権の一部が乙に移転したときは、仮登記
に基づく本登記は、甲および乙が登記権利者として申請することを要する
（昭35.5.10-328）。
   →甲または乙のみが所有権移転請求権を行使することができない。
   →仮登記の目的が所有権移転請求権だから、本登記の目的は所有権移転しかあり
     えないためである。

◇◇◇

　　甲から乙に所有権移転仮登記をした後に、乙の抵当権設定登記がされてい
る場合、仮登記に基づく本登記の申請に承諾情報の提供を要しない（昭46.

12.11−532）。

　→乙は、申請人であり、登記上の利害関係を有する「第三者」ではない。

　甲の所有権移転請求権仮登記に付記で乙の所有権移転請求権の移転請求権仮登記がされている場合、甲が仮登記の本登記をする際に乙が利害関係人となる（昭44.10.2−1956）。

　→乙の登記を職権抹消する必要があるため。

　甲の所有権移転仮登記に先順位の乙の抵当権がある場合、仮登記の後に、抵当権者乙の差押の登記がされているときは、甲が仮登記の本登記をする際に乙が利害関係人となる（昭41.6.17−1763）。

　→差押えの登記を職権抹消する必要があるため。

　売買予約による所有権移転請求権仮登記の本登記を、代物弁済を登記原因としてすることはできない（昭55.9.19−5618）。

　→仮登記原因と本登記原因に関連性を要する。

　→本事例は、仮登記に基づく本登記の前提として、仮登記原因を代物弁済予約とする更正登記をすべきである。

　仮登記名義人と本登記の権利者の住所が一致しないときは、仮登記に基づく本登記の前提として、仮登記名義人の住所変更（更正）登記の申請を要する（昭38.12.27−3315）。

　→登記の目的は「何番仮登記名義人住所変更（更正）」でよい。

　甲所有の農地について乙への条件付所有権移転仮登記（条件　農地法5条の許可）がされ、その後に、当該条件付権利が丙に移転した場合、甲→丙の所有権移転に関する農地法の許可情報を提供して仮登記に基づく本登記を申請することができる（質疑登研390Ｐ92）。

　所有権移転仮登記の本登記を申請すべきところ、誤って別の順位番号で所有権移転登記をした場合、これを仮登記に基づく本登記に更正する登記を申請することはできない（昭36.3.31−773）。

→申請された登記自体には、錯誤がないため。

《関連事項》仮登記に基づく本登記の登録免許税額

1．不動産価額を課税標準とする場合

通常の本登記の所定の税率の2分の1となる（登録免許税法17条1項）。

→仮登記の際に、すでに2分の1の納入が済んでいるため。

2．それ以外の場合

通常の本登記の場合と同様である。

→抵当権設定仮登記の本登記は、債権額の4／1000。

→抵当権抹消仮登記の本登記は、不動産1個について金1000円。

設問12

仮登記担保とは何か？

金銭債務を担保するため、その不履行があるときは債権者に債務者または第三者に属する所有権その他の権利の移転等をすることを目的としてされた代物弁済の予約、停止条件付代物弁済契約その他の契約で、その契約による権利について仮登記または仮登録のできるものをいう（仮登記担保法1条）。

◀ポイント▶

「金銭債務を担保するため」という部分が急所である。

設問13

担保仮登記の実行とは何を意味するか？

仮登記を本登記にすることを意味する。

その手続は、原則として、通常の仮登記の本登記と相違しない。

→しかし、多少の相違がある。

《関連事項》担保仮登記の実行の成否

後順位担保権者等の出方により、成否が決まる。

彼らが、おとなしく承諾をすれば、実行は可能である。

後順位担保権者が、目的不動産の競売の道を選ぶと、担保仮登記の実行は不可能になる。

→この場合、担保仮登記は抵当権とみなされ、競売により消滅する。

設問14

担保仮登記の本登記の原因日付は何時か？

清算期間満了日の翌日である（仮登記担保法 2 条 1 項）。

まず、債権者が、契約上の権利移転日の後に清算金の見積額（清算金がないと認めるときは、その旨）をその契約の相手方に通知する。

その通知が債務者等に到達した日から 2 か月が清算期間である。

その期間の満了により、所有権の移転の効力が生じる。

◆一問一答◆

問 清算期間は、法律上の権利移転日から起算するのか？

答 債務者等に通知が到達した日から起算する。

設問15

そのほか、担保仮登記の本登記に特有の問題を挙げてみよう。
1．特有の却下事由は何か？
2．特有の添付情報は何か？

1 について

仮登記原因の日付と本登記原因の日付の間に 2 か月の経過がないときは、担保仮登記の本登記は却下される（昭54.4.21－2592）。

→ 2 か月の間がなければ、清算期間が経過するわけがないからである。

しかし、当該仮登記が、担保仮登記ではないことを証する情報を提供すれば、2 か月経過前の登記の申請も受理される。

→具体的には、金銭債務を担保していないことを証明すればよい。これにより仮登記担保法の適用を受けないことを証明することができる。

このほか、仮登記担保法18条の特則に関連する却下事由がある（後述する）。

2について

後順位の先取特権、質権もしくは抵当権を有する者または後順位の担保仮登記の権利者の承諾情報に代えて、次の情報を提供することができる（仮登記担保法18条）。

・後順位の担保権者が、清算金債権の差押えをしたことを証する情報
・仮登記担保権者が、清算金を供託したことを証する情報

この双方を提供すれば、後順位の担保権者の承諾情報に代えることができる。

後順位担保権者が、仮登記担保権者の提示した清算金の額に納得したことを裏付けることができ、他方で、清算金の弁済の完了を証明できるからである。

確認事項 後順位の用益権者の承諾情報についての特則はない。

宿　題 清算金の供託は、どこの供託所ですればよいのか？

《関連事項》仮登記担保法18条の特則と登記申請日

仮登記担保法18条の特則により申請をするときは、供託をした日から1か月の経過を待たなければ、仮登記に基づく本登記の申請をすることができない。

→特有の却下事由となる。

仮登記担保権者が清算金を供託するまでは、後順位担保権者は担保権を実行（競売への道を選択）することができるため、登記所において、その選択がなかったこと（裁判所から担保権の実行による差押えの登記が嘱託されない）を確認する意味で、1か月の経過を待つのである。

確認事項　仮登記担保法18条の特則を使わないときは、上記の申請日の制限はない。

宿題の解答▼

　債務履行地の供託所である（仮登記担保法 7 条 1 項）。

→弁済供託の性質があるためである。

参考先例

　代表取締役を同じくする甲乙の両会社の間で、甲を債務者兼設定者、乙を抵当権者とする抵当権設定仮登記をしている場合、解除を原因としてその仮登記抵当権を抹消する登記を申請するときは、申請情報と併せて乙の議事録の提供を要する（質疑登研539 P 154）。

→抹消の「本登記」をするのだから、第三者の許可、同意、承諾情報を要する。

　代表取締役個人を仮登記義務者、株式会社を仮登記権利者とする所有権移転請求権仮登記を放棄により抹消するときは、株式会社の議事録の提供を要する（質疑登研432 P 127）。

　農地についてされた所有権移転仮登記（ 1 号仮登記）を合意解除により抹消するときは、農地法の許可情報の提供を要する（質疑登研148 P 49）。

→これも、抹消「本登記」をするためである。なお、農地の 2 号仮登記の抹消には、農地法の許可情報の提供は要しない。まだ、農地の権利変動が生じていない段階だからである。

　担保仮登記の本登記の前に受戻権が行使されたときは、「年月日受戻しによる失効」を登記原因として仮登記の抹消を申請する（昭54.4.21－2592）。

　担保仮登記の本登記の後に債務者につき相続が発生した場合、相続人が受戻権を行使したときは、「年月日受戻し」を登記原因として直接相続人名義の所有権移転登記を申請する（昭54.4.21－2592）。

→相続人が受戻権を行使したから、所有権は相続人に復帰するのである。いった

ん被相続人を経由するわけではない。

第10章 ‖ 所有権更正登記

更正登記は、誤った登記を正す登記である。

その要件は以下のとおり。

1. 最初から誤った登記がされた。

2. しかし、その登記は無効ではない。

1について

最初は正しかったが、その後に登記された事項に変化が生じたときは、更正登記ではなく変更登記をする。

2について

登記名義人を全く取り違えた登記は無効である。

この場合、当該登記は抹消の対象であり、更正をすることができない。

《関連事項》登記の同一性

登記が有効とされるためには、更正の前後で登記名義人の同一性を要する。

登記名義人をA→Bに更正する登記はできない。

しかし、AB→ACや、A→ABの更正はできる。

要するに、更正の前後で、同一人物が1人でも存在すれば、更正の前後で登記名義人に同一性があるといえる。

なお、A→ABの更正の後、AB→Bの更正登記をすることはできない。

手続の前後で、登記名義人がそっくり入れ替わってしまうためである。

| 確認事項 | （根）抵当権の債務者の更正

（根）抵当権の債務者をA→Bに更正することができる。

債務者は、単に、債権額、利息、損害金などと並ぶ登記事項でしかないからである。

上記の、更正の前後の同一性の要件は、「登記名義人」の更正についていっている。

設問 1

　判決による登記を除き、所有権の更正登記を単独で申請することができる場合はあるか？

　ある。

　法定相続分による共同相続の登記の後、一定の事由により所有権を取得した相続人があるときは、その者が単独で所有権更正登記を申請することができる（令5.3.28－538）。

　その詳細は、設問 3 で確認しよう。

設問 2

　処分制限の登記が嘱託されたことにより、登記官が職権でした所有権保存登記の更正は、嘱託によるか、申請によるか？

　申請による（昭41.4.12－1076）。

　もともと、裁判所は、処分制限の登記を嘱託したのである。

　所有権保存登記には直接の関与がないから、その更正登記を裁判所の嘱託でするわけがない。

設問 3

　法定相続分に基づく甲乙名義の共同相続による所有権移転の登記の後に次の事情が生じた場合、所有権の更正登記をすることができるか？
1．甲が特別受益者であったことがわかった。
2．甲に単独相続させる旨の遺言書が発見された。
3．甲の寄与分が定められた。
4．甲が相続の放棄をした。
5．丙が相続放棄を取り消した。
6．甲単有とする遺産分割協議が成立した。
7．甲および乙が相続を放棄し、第 2 順位の丙が相続をした。

　設問の共同相続の登記が、はじめから間違った登記であったかどうかが問題となる。

1．更正登記をすることができる。

　　甲は、当初から特別受益者であった。

2．更正登記をすることができる（平2.1.20－156）。

　　甲は、当初から単独相続すべきであった。

3．更正登記をすることができる（昭55.12.20－7145）。

　　甲には、当初から寄与分があった。

4．更正登記をすることができる。

　　本事例では、共同相続の登記の後に、甲が相続の放棄をしているが、放棄者は、はじめから相続人ではなかったものとみなされる（民法939条）。

5．更正登記をすることができる（昭54.3.31－2112）。

　　取消しの効果により、さかのぼって相続放棄はなかったことになる。

　　→この場合、更正登記の登記原因が「年月日相続放棄取消」となる。更正登記の原因が錯誤または遺漏とならない、稀なケースである。

6．更正登記をすることができる（令5.3.28－538）。

　　本事例は、共同相続の登記に誤りがあったとはいえないものの、通達を根拠に、更正登記をすることができる。

　　→遺産分割を原因とする持分移転登記を申請することもできる（このケースも単独申請可）。

　　→登記上の利害関係人の承諾が得られないときに移転登記の実益アリ。

7．更正登記をすることができない（昭52.4.15－2379）。

　　甲乙→丙の更正は、登記の同一性がないから、することができない。甲乙の相続登記を抹消すべき事例である。

◆一問一答◆

問　設問3の1〜7のうち、登記権利者が単独で所有権更正登記を申請することができるのは、どの場合か？また、これ以外にも、単独申請できる場合があるか？

答　単独申請ができるのは、2・4・6である（令5.3.28-538）。

　　また、法定相続分による相続登記の後、相続人を受遺者とする旨の遺言書が発見されたときも、登記権利者が、単独で所有権更正登記を申請することができる。

　単独で所有権更正登記を申請することができる4つの事案の登記原因および登記原因証明情報を特定してみよう。

宿題の解答▼

それぞれ、次のとおりである（令5.3.28－538）。なお、いずれも法定相続分による相続登記をした後のハナシである。

① 遺産分割が成立した場合

「年月日遺産分割」

→日付は、遺産分割協議（調停）が成立した日、または審判確定の日。

→登記原因証明情報は、遺産分割協議書（申請人以外の印鑑証明書付）、遺産分割調停調書、遺産分割の審判書謄本（確定証明書付）。

② 相続放棄があった場合

「年月日相続放棄」

→日付は、相続放棄の申述が受理された日。

→登記原因証明情報は、相続放棄申述受理証明書および相続を証する戸籍全部事項証明書等。

③ 特定財産承継遺言があった場合

「年月日特定財産承継遺言」

→日付は、遺言の効力が生じた日。

→登記原因証明情報は、遺言書（検認を要するときは、検認の手続を経たもの）。

④ 相続人を受遺者とする遺贈があった場合

「年月日遺贈」

→日付および登記原因証明情報は、③に同じ。

なお、③と④による単独申請があったときは、登記官は、登記義務者の登記記録上の住所宛てに、その申請があった旨を通知する（不動産登記規則183条4項）。

参考先例 ◆◇

法定相続分による相続登記の後に、一部の相続人が相続放棄をし、その後、その者を除いた相続人の全員で遺産分割協議が成立した場合、登記権利者は、

「年月日相続放棄、年月日遺産分割」を登記原因として、一の申請情報により、単独で所有権更正登記を申請することができる（質疑登研908Ｐ31）。

　ＡＢＣの名義とする法定相続分による相続登記の後に、Ｂが相続放棄をし、さらに、その後日、Ｃが相続放棄をしたときは、Ａは、「年月日相続放棄、年月日相続放棄」を登記原因として、一の申請情報により、単独で所有権更正登記を申請することができる（質疑登研908Ｐ31）。

設問4

　甲不動産に登記されたＡＢＣの3名（持分は各3分の1）の共有名義の所有権保存登記を、Ａ（持分9分の3）、Ｂ（持分9分の4）、Ｄ（持分9分の2）に更正する登記の申請情報の内容はどうなるか？

　次のようになる（書面で添付情報を提供する場合）。

登記の目的	1番所有権更正
原因	錯誤
更正後の事項	共有者　持分9分の3　Ａ
	9分の4　Ｂ
	9分の2　Ｄ
権利者	Ｂ　Ｄ
義務者	Ｃ
添付情報	登記原因証明情報
	登記識別情報
	印鑑証明書
	住所証明情報
	代理権限証明情報
登録免許税	金1000円

◀ポイント▶

1. 更正後の事項は、すべての共有者を書く。

2. 申請人は、持分の増える者が権利者、減る者が義務者であり、持分の変

化のない者は、申請人にならない。

3．更正により新たに登記名義人になる者について、住所証明情報の提供を要する。

設問5

甲不動産に登記されたABCの3名（持分は各3分の1）の共有名義の所有権保存登記を、A（持分9分の3）、B（持分9分の4）、C（持分9分の2）に更正する登記の申請情報の内容はどうなるか？

次のようになる（書面で添付情報を提供する場合）。

登記の目的	1番所有権更正
原因	錯誤
更正後の事項	B持分　9分の4
	C持分　9分の2
権利者	B
義務者	C
添付情報	登記原因証明情報
	登記識別情報
	印鑑証明書
	代理権限証明情報
登録免許税	金1000円

【ポイント】

持分のみの更正では、更正後の持分を登記すれば足りる。

参考先例 ～～～～～～～～～～～～～～～～～～～～～～～～～～～～～～～～

甲から乙に所有権移転登記をしたが、本来は、乙が所有権の一部のみ取得していたときは、所有権移転登記を所有権一部移転登記に更正することができる（昭33.9.3－1822）。

→更正後の事項は、「目的　所有権一部移転　共有者　持分何分の何　乙」となる。

　→登録免許税額は、不動産 1 個につき金1000円。所有権移転分との差額は還付されない。

　→逆に、所有権一部移転登記を所有権移転登記に更正することもできる。この場合、定率課税となり、所有権一部移転分との差額が徴収される。

- -

　所有権移転登記の登記原因を贈与から売買に更正することができる（昭33.4.28－786）。

　→現在の登記名義人を権利者、前登記名義人を義務者として申請する。

- -

設問 6

　甲から乙への売買による所有権移転登記を乙丙の共有とする所有権更正登記の申請人は誰か？

　登記権利者が丙、登記義務者が甲、乙である（昭40.8.26－2429）。

　甲は、過去、丙に対しての登記義務を履行していなかったため、更正登記をするときに登記義務者となることを要する。

　→なお、設問 6 のケースで、移転原因が相続の場合は、前登記名義人（死亡した者）が登記義務者となることはない。

　甲から乙丙への売買による所有権移転登記を乙単有とする所有権更正登記の場合も、丙の他に、甲が登記義務者となる（昭36.10.14－2604）。

　過去、乙に対する登記義務を、完全には果たしていなかったためである。

《関連事項》持分のみの更正の場合

　甲→乙丙の売買による所有権移転登記がされた後、乙および丙の持分のみを更正するときは、甲は登記義務者とはならない。

設問 7

　敷地権の登記がされた区分建物についてされた、不動産登記法74条 2 項による甲単有の所有権保存登記を甲乙共有名義に更正をすることができるか？

できる。

　この場合、敷地権の登記名義人の承諾情報の提供を要する（質疑登研439）。

　敷地権の登記名義人は、過去、乙への敷地権の譲渡の承諾をしていないから、更正登記の際に、その承諾を要することとなる。

《関連事項》抵当権の更正

　甲単有の抵当権を甲乙共有の抵当権に更正する場合、登記義務者は甲および設定者である。

　→設定者は、過去、乙への抵当権設定登記義務を果たしていないため。

設問 8

所有権更正の登記が、主登記でされることはあるか？

　ない。

　常に付記登記である。

　所有権更正の登記は、その実質が一部抹消登記である。

　誤って登記した部分は、もともと、存在しなかったことになる。

　このため、利害関係人がいるときは、不動産登記法68条により、必ず、その承諾を要する。

　したがって、所有権更正の登記が、主登記でされることはない。

《関連事項》所有権更正登記の利害関係人

　更正の対象となる所有権登記に後れる者が利害関係人候補である。

　A→Bの所有権移転登記の後、Bの権利をBC共有に更正する場合、所有者がAの時代に権利を取得した者（担保権者、差押債権者、仮登記権利者等）は、利害関係を有しない。

　Bの権利がいかに間違っていようと、その前に権利を取得しているからである。

　以下の設問において、利害関係人の候補は、更正の対象となる所有権の登記の後に登場した者とする。

設問9

　　甲乙共有の登記を甲単有に更正する。

　　次の者は、利害関係人になるか？

１．所有権移転請求権仮登記の名義人

２．甲持分の差押債権者

３．乙持分に抵当権の設定を受けている者

　本事例では、更正により、乙持分が実質的に抹消される。

　したがって、これに対して権利をもつ、１および３の者が利害関係人である。

　所有権更正登記をすると、１の権利は所有権の一部を目的とする移転請求権仮登記に職権更正される。

　３の権利は職権抹消される。

設問10

　　甲単有の登記を甲乙共有に更正する。

　　次の者は、利害関係人になるか？

１．抵当権の設定を受けている者

２．地上権の設定を受けている者

　いずれも、利害関係人である。

　本事例では、甲の所有権の一部が実質的に抹消される。

　このため、１の権利は、甲持分を目的とする抵当権に職権更正される。

　２の権利は、職権抹消される。

　→用益権は、共有者の持分上に存続することができないため。

◆一問一答◆

問　次のうち申請することができないのはどちらか？

１．Ａ持分抵当権設定

２．Ａ持分地上権設定

答　２の「Ａ持分地上権設定」である。地上権に限らず、用益権は持分上に

137

存続できない。

甲乙共有（持分は各2分の1）の登記を甲持分3分の2、乙持分3分の1に更正する。

次の者は、利害関係人になるか？

1．地上権の設定を受けた者
2．甲持分の差押債権者
3．乙持分の移転請求権仮登記の名義人

本事例では、乙の持分の一部が実質的に抹消される。

したがって、3の者が利害関係人である。

3の権利は、乙持分（この持分3分の1）の移転請求権仮登記に職権更正される。

なお、1の地上権者は、利害関係人にならない。

更正後も、そのまま存続することができる。

所有権の全部を目的として設定された抵当権の場合も同様に利害関係人とはならない。

参考先例

債権者代位によりされた登記の更正登記を申請するときは、代位者が登記上の利害関係人となる（昭39.4.14－1498）。

甲から乙への所有権移転登記がされた後、実際は乙丙の両者が所有権を取得したとして合意解除により乙の所有権の一部を抹消することはできない（質疑登研503）。

→一部抹消登記なるものは、この世に存在しない。

信託を原因として甲から乙に所有権が移転されている場合、登記原因を売買に更正する登記の申請はすることができない（質疑登研483 P 157）。

→信託と売買では、法的性質の相違が著しく、更正の前後の同一性が認められない。

甲から乙への代物弁済による所有権移転登記について登記原因を共有物分割とする更正登記をすることができない（昭36.3.23－678）。

→共有物分割を原因とする所有権移転登記はありえない。

債権者が共同相続人の一人に代位して相続登記を行い、その者の持分の差押えの登記をしたが、その後に差押えの登記が抹消された場合、その相続登記の相続分が実体と相違していたとしてする更正の登記について、代位者は登記上の利害関係を有する第三者にあたらない（質疑登研788）。

◆一問一答◆

問　次のうち申請することができるのはどれか？

1．登記の目的　所有権移転　原因　年月日共有物分割

2．登記の目的　所有権移転　原因　年月日共有物分割による交換

3．登記の目的　所有権移転　原因　年月日持分放棄

4．登記の目的　所有権移転　原因　年月日遺産分割

答　2である。1、3、4はいずれも不動産の共有者間の権利変動の問題だから必ず「持分移転」となる。登記の目的が所有権移転となることはありえない。

第11章 ‖ 所有権抹消および変更登記

設問 1

　判決による場合を除き、所有権の抹消登記を単独で申請することができる場合はあるか？

　ある。次の場合である。

1．所有権保存登記の抹消（不動産登記法77条）

　　登記名義人の登記識別情報（および書面で添付情報を提供するときは印鑑証明書）の提供を要する。

　　→不動産登記法74条 2 項による所有権保存登記の単独抹消も可能である。

2．登記義務者が行方不明であるときの抹消（不動産登記法70条 1 項・ 3 項）

　　公示催告の申立てをして除権決定を得ることにより、登記権利者が所有権移転登記を単独で抹消できる。

《関連事項》除権決定による単独抹消

　除権決定による単独抹消は権利の種類を問わない。

　所有権のほか、担保権、用益権の抹消ができる。

　→登記義務者の権利が、存続期間の満了した地上権、永小作権、質権、賃借権、採石権、または買戻期間の満了した買戻権である場合、登記権利者は、登記義務者の所在不明に関し、簡易な調査のみで公示催告の申立てができる（不動産登記法70条 2 項）。

確認事項 　所有権の登記を単独抹消できるケースは以上に限られる。

　たとえば、相続登記は単独申請だが、その抹消登記は共同申請です。

設問 2

　甲→乙の売買による所有権移転登記がされた後、売買無効により乙の所有権を抹消する。

　次の者は、登記上の利害関係人となるか？

1．甲から抵当権の設定を受けたX
2．乙から地上権の設定を受けたY

抹消される乙の権利を目的とする権利を有するYが利害関係人である。
Xには、利害関係がない。

設問3

甲→乙→丙と不動産が転売されその登記がされているとき、乙の所有権を抹消するためにはいかなる手続を要するか？

丙の所有権登記を抹消した後、乙の所有権登記を抹消する。

設問4

甲乙共有のA不動産について、5年間の共有物不分割特約をしたときの申請情報の内容はどうなるだろうか？

次のようになる（書面で申請情報を提供する場合）。

登記の目的	何番所有権変更（付記）
原因	年月日特約
特約	5年間共有物不分割
申請人	甲　乙
添付情報	登記原因証明情報
	登記識別情報
	印鑑証明書
	（承諾情報）
	代理権限証明情報
登録免許税	金1000円

→いわゆる、合同申請である。登記識別情報は、甲および乙がそれぞれ持分を取得した際のものである。

一の申請情報によることの可否

1．Ａ→ＢＣの所有権移転登記と、ＢＣ間の共有物不分割特約の登記は、2件の申請情報で別々に申請する。

2．Ａ→Ｂの所有権一部移転登記において、共有物不分割特約を同一の申請情報で申請することができる。

確認事項 特約の期間

共有物不分割特約の期間は最長で5年間である（民法256条1項）。

これを超えた期間を定めれば特約は無効である。

→5年間に引きなおして登記をすることができない。

なお、特約の更新は可能である（同条2項）。

→更新による変更登記を申請することができる。

設問5

甲乙間で共有物不分割特約をするとき、次の者は利害関係人となるか。
1．甲持分の差押債権者
2．所有権全部に抵当権の設定を受けた者

1について

利害関係人となる。

甲持分（または乙持分）について権利を取得した者は、甲のした不分割特約に拘束されるため。

2について

利害関係人とはならない。

甲乙の権利の双方を競売できるから、両者の不分割特約の拘束を受けない。

確認事項 利害関係人の承諾なく特約の登記を申請した場合

当該登記は、主登記で実行されることになる（不動産登記法66条）。

参考先例

所有権保存登記の名義人を被告として所有権保存登記の抹消登記手続を命

じる判決を得た者は、その判決により単独で抹消登記を申請することができる（昭28.10.14−1869）。

表題部所有者の名義でされた所有権保存登記の抹消登記がされた場合、登記記録を閉鎖する（昭36.9.2−2163）。

所有権保存登記の抹消登記をしたときにおいて、次の場合は、登記記録を閉鎖せず、登記官が職権で表題部所有者を回復する（昭59.2.25−1085）。
1．表題部所有者の相続人名義で所有権保存登記がされていたとき。
2．区分建物について表題部所有者から所有権を取得した者の名義で所有権保存登記がされていたとき。

登記官の職権により所有権保存登記をした後に、処分制限の登記が嘱託により抹消されても、その所有権保存登記を職権で抹消することができない（昭38.4.10−966）。

相続登記の抹消登記において、登記権利者の承継人が数人いるときは、そのうちの1人が、登記義務者と共同して申請することができる（質疑登研427）。
　　→共有物の保存行為である（民法252条5項）。

強制競売による売却に基づく所有権移転登記を、合意解除を原因として抹消登記をすることができない（昭36.6.16−1425）。

甲の抵当権設定登記後に、乙から丙への所有権移転登記がされ、次いで甲の抵当権の実行による差押の登記がされている場合、丙への所有権移転登記を抹消する際には、甲が利害関係人となる（昭61.7.15−5706）。

債権者代位により所有権移転登記がされた場合、その所有権を抹消する登記について代位者は利害関係人である（昭39.4.14−1498）。

第12章 ‖ 買戻特約の登記

買戻特約の登記の絶対的登記事項は売買代金（民法579条の別段の合意をした場合にあっては、その合意により定めた金額）と契約費用、任意的登記事項は買戻期間である。

→利息は登記事項ではない。

なお、買戻特約の登記の変更、更正の可否については、本シリーズの『民法Ⅱ』を参照のこと。

設問 1

買戻特約の登記の申請はどのようにするか？

また、その際の添付情報は何か？

買戻特約の登記は、売買による所有権移転登記と同時に、別の申請情報で申請する（昭35.3.31−712）。

→両者は同一の受付番号となる。

権利者は売主、義務者は買主である。

添付情報は、登記原因証明情報のほか、代理権限証明情報のみで足りる。

→買戻特約の登記は、売買による所有権移転登記と同一の受付番号だから、買戻特約の登記の義務者（買主）は、登記が受け付けられたときにはまだ所有権の登記名義人となっていないため登記識別情報の提供ができないのである。

以下、買戻特約の登記をするときの申請情報の内容である（必ず、2件を同時申請）。売主X、買主Yであり、民法579条の別段の合意のない場合。

以下2件同時申請

1／2

登記の目的	所有権移転
原因	年月日売買
権利者	Y
義務者	X
添付情報	登記原因証明情報
	登記識別情報
	印鑑証明書
	住所証明情報
	代理権限証明情報
登録免許税	不動産価額の20／1000

2／2

登記の目的	買戻特約
原因	年月日特約
売買代金	金何円
契約費用	金何円
買戻期間	年月日から何年間
権利者	X
義務者	Y
添付情報	登記原因証明情報
	代理権限証明情報
登録免許税	金1000円（不動産1個について）

《関連事項》売買の先取特権保存の登記

　売買による所有権移転登記と、不動産売買の先取特権保存の登記も同時申請である。

　このため、不動産売買の先取特権保存の登記における添付情報も、登記原因証明情報のほか、代理権限証明情報のみで足りる。

設問2

　次の場合、買戻特約の登記をすることができるか？
1．代物弁済による所有権移転登記と同時に申請する場合。
2．建売住宅の売買により所有権保存登記と同時に申請する場合。
3．売買による永小作権の移転登記と同時に申請する場合。

1について

　買戻特約の登記をすることができない（昭37.1.10−1）。

　買戻特約は、売買契約と同時にすることを要する（民法579条）。

2について

　買戻特約の登記をすることができる（昭38.8.29−2540）。

　所有権保存登記において、登記原因（売買）は登記されないが、差し支えない。

3について

　買戻特約の登記をすることができる。

　登記実務では、永小作権の売買が認められている。

設問3

　買戻特約の変更、移転、抹消登記を申請する場合、登記義務者の登記識別情報の提供を要するか？

　もちろん要する。いずれも、共同申請のケースである。

　買戻特約の登記を申請する場合と相違して、登記義務者にはすでに登記識別情報が通知されている。

　なお、所有権についての買戻権者が登記義務者となるときは、印鑑証明書の提供をも要する（書面で添付情報を提供する場合）。

●展開●　買戻特約の単独抹消

　売買契約の日から10年を経過したときは、登記権利者は、単独で、買戻特約の抹消登記を申請することができる（不動産登記法69条の2）。

→登記義務者の所在不明を要件としない点が急所。買戻期間は10年を超えることができないため、簡易な方法による抹消手続を認める趣旨である。

設問 4
売買による所有権移転登記がされた後に、買戻特約の登記を追加する更正登記をすることができるか？

できない（質疑登研122 P 33）。

設問 5
売買による所有権移転仮登記がされた後に、買戻特約の仮登記をすることができるか？

できる。売買の所有権移転登記と、買戻特約の登記は、本登記の際に同時であれば足りる。

なお、本事例では、買戻特約の仮登記の際には、登記義務者（買主）の印鑑証明書の提供を要する（書面により添付情報を提供する場合）。

→仮登記義務者がすでに所有権移転仮登記の登記名義人となっているため。

《関連事項》売買による所有権移転仮登記と買戻特約の仮登記の同時申請
両者を同時申請することも、もちろん可能である。

この場合の、買戻特約の仮登記の添付情報は、登記原因証明情報と代理権限証明情報のみである。

設問 6
買戻特約の登記が職権で抹消されるのは、いかなる場合であるか？

買戻権が行使され、買戻しを登記原因とする所有権移転登記をする場合である（不動産登記規則174条）。

設問 7
買戻特約の登記が主登記でされることはあるか？

ない（不動産登記規則3条9号）。

《関連事項》買戻特約の登記の登録免許税額

付記登記分として、不動産1個について、金1000円である（登録免許税法別表1.1⑭）。

設問8

買戻特約の付記がされた売買による所有権移転登記の抹消登記は、どのように申請すべきか？

あらかじめまたは同時に、買戻特約の抹消登記を申請することを要する（昭41.8.24－2446）。

本事例では、買戻特約の抹消について、登記官の職権登記の根拠がない。

設問9

買戻権が行使され、買戻しを登記原因とする所有権移転登記をする場合に、後順位の抵当権の抹消登記は登記官の職権でなされるか？

なされない（登記研究448P18）。

当該抵当権は、実体法の問題として、買戻権の行使により消滅する。

しかし、これを登記官が抹消するという規定はない。

したがって、申請でこれを抹消する（もちろん、共同申請である）。

◆一問一答◆

問 次のうち登記官が職権で抹消する登記はどれか？

1．買戻しと同時にされた所有権移転登記を抹消するときの買戻特約の登記

2．買戻しによる所有権移転登記をするときの買戻特約の登記

3．買戻しによる所有権移転登記をするときの買戻しに後れる抵当権の登記

答 2である。

設問10

　AからBへの売買による所有権移転登記とともに、Aの買戻特約の付記登記がされている。売買契約の日から10年を経過したため、Bが買戻特約の抹消登記を単独で申請する場合、登記原因およびその日付はどうなるか？

　登記原因は「不動産登記法第69条の2の規定による抹消」であり、登記原因の日付を要しない（令5.3.28−538）。

　また、10年経過の事実は登記記録から明らかであることから、登記原因証明情報の提供を要しない（不動産登記令7条3項1号）。

　申請情報の内容は、以下のとおりである（代理人による申請）。

登記の目的	何番付記1号買戻権抹消
原因	不動産登記法第69条の2の規定による抹消
権利者（申請人）B	
義務者	A
添付情報	代理権限証明情報

　この抹消登記が完了したときは、登記官は、買戻特約の登記の登記名義人であった者（A）の登記記録上の住所に宛てて、登記が完了した旨の通知を要する（不動産登記規則183条1項3号）。

◆一問一答◆

問　設問のケースのほか、登記原因証明情報の提供を要しない例外にはどのようなものがあるか？

答　次の場合である。
1．所有権保存登記（敷地権付き区分建物の74条2項保存を除く）
2．仮処分による失効を原因とする登記
3．混同の事実が登記記録上明らかである場合の権利の抹消の登記

問　設問のAに相続が生じていた場合、買戻特約の抹消登記の前提として、

Aの相続人への買戻権の移転登記を要するか？

答　要しない（質疑登研908 P 9）。
　　なお、申請情報の登記義務者には登記記録上のAの住所氏名のみを記載すれば足り、Aの相続人の住所氏名の記載を要しない。

設問11
　　AからBへの売買による所有権移転登記とともに、Aの買戻特約の付記登記がされている。Aは、買戻しの期間内に適法に買戻権を行使したが、その旨の登記をすることなく、売買契約の日から10年を経過した。
　　その後、不動産登記法69条の2の規定に基づいて、Bの単独申請により、Aの買戻特約の登記が抹消された。
　　Aは、買戻しによる所有権移転登記を申請することができるか？

　申請することができる（質疑登研908 P 8）。
　適法に買戻権の行使があった以上、その旨の登記ができないとする理由がないためである。
　なお、この所有権移転登記は、原則どおり、Aを登記権利者、Bを登記義務者とする共同申請によるべきこととなる。

参考先例
　売買契約に所有権移転時期の特約があるときは、所有権の移転の原因日付を特約により所有権が移転した日、買戻特約の原因日付を売買契約の日として申請することができる（質疑登研689 P 291）。
　　→売買契約と買戻特約を同時にしていれば、民法579条の趣旨に反しない。

　数個の不動産について買戻特約の申請を一の申請情報でするときは、申請情報の内容の売買代金（民法579条の別段の合意をした場合にあっては、その合意により定めた金額）と契約費用は、不動産ごとに各別に定めることを要する（昭43.2.21－335）。
　　→ただし、敷地権付区分建物においては、専有部分と敷地権の総代金を登記することができる（昭35.8.1－1934）。

農地について買戻しの意思表示が買戻期間内にされたが、農地法所定の許可が買戻期間経過後に到達したときは、許可の到達した日を登記原因日付として、買戻しによる所有権移転登記を申請することができる（昭42.2.8－293）。

買戻特約の登記権利者が官公署、登記義務者が一般私人の場合、買戻特約の嘱託情報と併せて、登記義務者の承諾情報の提供を要する（昭44.10.7－1046）。

農地について買戻特約付売買による所有権移転登記を申請する場合、農地法所定の許可情報に買戻特約付である旨の記載は要しない（昭30.2.19－355）。

→買戻権行使の際には、別途、許可情報の提供を要することとなるためである。

第13章 | 一の申請情報による申請

　以下、一の申請情報による申請（一括申請）の原理を考察する。

　もともと、申請情報は、登記の目的、登記原因、不動産ごとに個別に作成すべきことが原則である。
　しかし、種々の場合に、一の申請情報による申請をすることができる。

設問1

　一の申請情報による申請をすることができる場合は、いかなる場合か？

　不動産登記規則35条に規定がある。
　以下、権利に関する登記の部分を解説する。

1．同一の登記所の管轄区域内にある1または2以上の不動産について申請する2以上の登記が、いずれも同一の登記名義人の氏名もしくは名称または住所についての変更の登記または更正の登記であるとき（不動産登記規則35条8号）。

　以下、具体例を示そう。

❖**事案1**❖

甲区　1　所有権保存　　　　　Ａ

　　　2　所有権一部移転　　　持分2分の1　　住所　甲

　　　3　Ａ持分全部移転　　　持分2分の1　　住所　甲

　上記の甲が住所を移転した場合、次の申請をすることができる。

登記の目的	2番3番所有権登記名義人住所変更
原因	年月日住所移転
変更後の事項	住所　何市何町何番地

申請人	甲
添付情報	登記原因証明情報
	代理権限証明情報
登録免許税	金1000円

《関連事項》登録免許税額

　変更登記分で、不動産1個につき金1000円である（登録免許税法別表1.1(14)）。

　→「変更する権利の数」（2番と3番で2つ）は、登録免許税額とは無関係。

　なお、登録免許税法別表1.1(14)は、付記登記、抹消回復登記、変更・更正登記について、登録免許税額を不動産1個につき金1000円としている。

　また、登録免許税法別表1.1(15)は、抹消登記について、登録免許税額を不動産1個につき金1000円としている（ただし、同一の申請により20個を超える不動産について抹消の登記を受ける場合は、申請の件数1件につき金2万円）。

　以上は、すべて、不動産の個数を問題とし、権利の数を問題にしていない。
　したがって、1個の不動産について以下の申請をするときは、登録免許税額はいずれも金1000円である。
　1．1番2番抵当権抹消
　2．1番所有権仮登記および本登記抹消

❖事案2❖

　甲がA不動産の所有者、B不動産の共有者であり、双方で住所の変更の登記をするとき。

登記の目的	所有権登記名義人住所変更
原因	年月日住所移転
変更後の事項	所有者および共有者甲の住所　何市何町何番地

```
申請人        甲
添付情報      登記原因証明情報
              代理権限証明情報
登録免許税    金2000円
```

参考先例 ～～～～～～～～～～～～～～～～～～～～～～～～～～～

　登記記録上の住所が同一である共有者数人が同時に同一の住所に移転した場合、共有登記名義人の住所の変更登記を一の申請情報によってすることができる（質疑登研455Ｐ91）。

　→変更後の事項は、「共有者ＡおよびＢの住所　何市何町何番地」となる。

　→これは、同一ではない登記名義人について一括申請が認められた例である。

～～～～～～～～～～～～～～～～～～～～～～～～～～～～～～～～

２．同一の不動産について申請する２以上の権利に関する登記の目的ならびに登記原因およびその日付が同一であるとき（不動産登記規則35条９号）。

　①　登記の目的の同一性
　　　所有権移転とＡ持分全部移転は、登記の目的が相違する。
　　　→２件の申請をすべきである。

　②　登記原因およびその日付の同一性
　　　令和何年10月１日売買と、令和何年10月２日売買は、登記の原因日付が相違する。
　　　→２件の申請をすべきである。

　　　ＡとＢの売買、ＡとＣの売買は、同日に行われたとしても登記原因が相違する。
　　　→２件の申請をすべきである。
　　　→登記原因の同一性は、契約等の当事者の同一を含む概念である。

以上の2点が、根本原理である。

しかし、この点を緩和する、次の先例がある。

数人がその共有不動産を第三者に一括して売却した場合、各共有者の持分の移転登記を一の申請情報ですることができる（昭37.1.23－112）。

この先例は、共有者ＡＢが売主、買主がＣであるときは、ＡＣ間の売買とＢＣ間の売買という2つの登記原因があるため、元来は、Ａ持分全部移転の登記とＢ持分全部移転の登記を別々に申請すべきところ、便宜、「共有者全員持分全部移転」を登記の目的とする申請を認めるという趣旨である。

→同様にＡＢＣ共有不動産についてＡＢ持分全部移転登記をすることも可能。

→また、買主が複数いるときも、一括して共有者全員持分全部移転の登記をすることができる。

以下は、売主が甲乙、買主がＡＢＣ（持分はそれぞれ3分の1）である場合の申請情報の内容である。

登記の目的	共有者全員持分全部移転
原因	年月日売買
権利者	持分3分の1　Ａ
	3分の1　Ｂ
	3分の1　Ｃ
義務者	甲　乙

《関連事項》共有者全員持分全部移転の登記ができないとき

共有者の一部の持分について第三者の権利に関する登記がされている場合、その持分については、各別の申請をすべきである。

たとえば、ＡＢ共有不動産につきＡ持分差押えの登記がされている場合、共有者全員持分全部移転の登記ができない。

→後日の、公示上の混乱を防ぐためである。

3．同一の登記所の管轄区域内にある2以上の不動産について申請する登記

が、同一の債権を担保する先取特権、質権または抵当権に関する登記であって、登記の目的が同一であるとき（不動産登記規則35条10号）。

共同担保についての特則である（共同根抵当権を含む）。

共同担保については、一括して申請したほうが、申請人も登記所もわかりやすいので非常に広い範囲の一括申請ができる。

① 登記の目的の同一性
　抵当権設定、甲持分抵当権設定、何番地上権乙持分抵当権設定など、みな「抵当権設定」という括りで、登記の目的が同一とされる。
　　→一の申請情報により申請することが可能。

　また、日付の同一性を要しない。
　たとえば、共同担保の目的たるA不動産とB不動産につき設定日が相違しても、一括申請ができる。
　　→共同担保である抵当権等の変更、更正、抹消、移転登記など、みな同様である。

② 登記原因の同一性を要しない
　甲所有のA不動産、乙所有のB不動産、丙所有のC不動産について共同抵当権をXが設定した場合、抵当権設定契約（登記原因）はX甲間、X乙間、X丙間の3つあるが、一括申請が可能である。
　　→ここも、抵当権等の変更、更正、抹消など、みな同様である。

■参考■　上記の特例をフルに使った抵当権設定登記の申請情報の例を紹介しておこう。

登記の目的	抵当権設定
原因	後記のとおり
（中略）	
抵当権者	X

```
設定者　　　　甲　乙　丙
　（中略）
不動産の表示
Ａ不動産　　（原因　令和何年10月１日金銭消費貸借同日設定）
所有者　甲
Ｂ不動産　　（原因　令和何年10月１日金銭消費貸借同月２日設定）
共有者　乙（この持分何分の何）
Ｃ不動産　　（原因　令和何年10月１日金銭消費貸借同月３日設定）
何番地上権共有者丙　　（この持分何分の何）
```

→共同抵当権の変更、更正登記などもこんな感じでいい。

参考先例

　甲が乙からＡ不動産を、丙からＢ不動産を同時に買った場合、その所有権移転登記を一の申請情報により申請をすることができない（明33.8.21－1176）。

　甲がＡ不動産とＢ不動産を同時に乙に売った場合、Ａ不動産については登記識別情報を提供し、Ｂ不動産についてはこれを提供せず事前通知の方法等によるときでも、一の申請情報により申請をすることができる（昭37.4.19－1173）。

　→登記の目的、原因、日付が同一だから、一括申請の要件に欠けるところがない。

　数個の不動産について、賃借権の設定登記を申請する場合、登記原因およびその日付と申請当事者が同一であれば、賃料、存続期間が各不動産で相違しても一の申請情報による申請をすることができる（質疑登研463Ｐ85）。

　→これも、一括申請の要件に欠けるところがない。

　→なお、賃料は、不動産ごとに各別に定めるべきであり、数個の不動産を併せて金何円と記載した申請は却下される（昭54.4.4回答）。

　一筆の土地を要役地とし、所有者の異なる数筆の土地を承役地として、同一の目的のために地役権の設定契約をした場合には、承役地の所有者ごとに各別に地役権設定登記の申請をすべきである（昭33.2.22－421）。

→地役権設定契約の当事者（登記原因）が相違する。

被相続人甲が数回にわたり持分を取得し、そのうちの一部に第三者の権利があるときでも、相続による甲持分全部移転登記を申請することができる（平11.7.14－1414）。

→相続を原因とする一部移転登記は原則として不可であるため（昭30.10.15－2216）。

同一の不動産を目的として甲の1番抵当権、乙の2番抵当権について同日に債務者が弁済をしたときは、各抵当権の抹消登記は、各別の申請情報で申請すべきである（質疑登研421P107）。

→本事例は、共同担保の話ではない。当事者が相違するから、登記原因が同一といえない。

累積式の共同根抵当権の設定登記は、登記原因、極度額、債権の範囲、債務者等が同一であっても、一の申請情報による申請をすることができない（昭46.10.4－3230）。

→それぞれが、別個独立の根抵当権と解されるため。

同一の不動産を目的として同一人が複数の抵当権を有している場合、同一の登記原因によりその抹消登記をするときは、一の申請情報によることができる（質疑登研401P162）。

→本事例も、共同担保の話ではないが、登記原因が同一といえるので、不動産登記規則35条9号に該当する。

以下は、Xが甲不動産に1番から3番の抵当権を設定していたが、同時にXが抵当権を放棄したときの申請情報の内容である。設定者をYとする。

登記の目的	1番2番3番抵当権抹消
原因	年月日放棄
権利者	Y

義務者	X
添付情報	登記原因証明情報
	登記識別情報
	代理権限証明情報
登録免許税	金1000円

＊登録免許税の課税標準は不動産の個数であり、消す権利の数は無関係。

☞トークタイム　初見が大事

　記述式試験は初見が大事です。
　本試験は、たいへん厳しい時間制限の下に行われるので、最初に問題文を読んだときに何かの錯覚に陥ると試験時間内にその錯覚に気がつくことがむずかしいのです。
　だから、最初から錯覚しないことが大事であり、これを私は「初見が大事」と表現しています。よく問題文を読めば、解答はおのずと明らかになるでしょう。解答は、問題文の中に隠されています。

第2部

各　　　論

第1章 ┃ 登記名義人の氏名、名称または住所の変更更正登記

設問 1

令和何年10月1日売買を登記原因として、同月15日の受付番号で住所地をA地とする甲名義の所有権移転登記がされている。

甲が、同月10日にA地からB地に住所を移転していた場合、申請をすべきは、所有権登記名義人住所変更登記か、住所更正登記か？

錯誤による所有権登記名義人住所更正登記を申請すべきである。

申請日には、甲はB地に住所があったのだから、申請情報の登記権利者の住所はB地を記載すべきところ、誤ってA地を記載したことになる。

設問 2

上記のケースで、所有権登記名義人の甲が、A地→B地→C地と住所を移転したときは、いかなる申請をすべきか？

次の登記をする（平28.6.8-386）。

```
登記の目的　何番所有権登記名義人住所変更
原因　　　　錯誤　年月日住所移転
変更後の事項　　　住所　C地
```

《関連事項》登記原因の記載方法

複数の登記原因がある場合は、その全部を書く。

上記の申請はその例である。

しかし、同一の登記原因が複数あるときは、最終のもののみでよい。

たとえば、X地を住所地として登記を受けた乙が、その後にY地を経てZ地に住所を移転したときは、登記原因として、Y地→Z地の移転の日付を挙げて、「年月日住所移転」とのみ記載すれば足りる（昭32.3.22-423）。

→2つの移転日付を併記する必要はない。

→なお、登記原因証明情報は、X地→Y地→Z地の変更過程の全部を証明することを要する。

《関連事項》登録免許税

不動産1個について、次の額となる。

1. 住所変更、更正登記　金1000円

   氏名変更、更正登記　金1000円

   →登記記録の住所または氏名だけを書き換えたと考える。

2. 住所および氏名の変更登記　金1000円

   住所および氏名の更正登記　金1000円

   →変更または更正だけをしたと考える。

3. 氏名変更、住所更正登記　金2000円

   氏名更正、住所変更登記　金2000円

   →登記記録の住所および氏名を書き換え、変更と更正の両方をしたと考える。

設問3

次の場合、登記免許税はいくらか？

1. 住所を移転し、次いで住居表示の実施がされたときの登記名義人住所変更の登記

2. 住居表示の実施がされ、次いで住所を移転したときの登記名義人住所変更の登記

3. 登記記録上の住所が誤っており、次いで住居表示の実施がされたときの登記名義人住所変更、更正の登記

4. 氏名の変更と住居表示の実施による、登記名義人住所、氏名変更の登記

1について

非課税である。最終の登記原因が住居表示実施であるから、登録免許税法5条4号の住居表示の実施に伴う登記事項の変更登記に該当する（昭42.12.14-3447）。

→なお、非課税証明として、住居表示実施証明書等の提供を要する。

→住所移転の後に行政区画の変更があったときも非課税である。

2について

　不動産 1 個について金1000円の課税がされる。最終の登記原因が住所移転であるから。

3について

　1 と同様、非課税である（昭42.12.14－3447）。

4について

　住所については、1 と同様、非課税である（昭42.12.14－3447）。不動産 1 個について金1000円の課税がされる。氏名変更分は非課税にならない。

〈参考条文〉　登録免許税法第 5 条（一部省略）

　次に掲げる登記等については、登録免許税を課さない。

4 号　住居表示に関する法律の規定による住居表示の実施又は変更に伴う登記事項又は登録事項の変更の登記又は登録

5 号　行政区画、郡、区、市町村内の町若しくは字又はこれらの名称の変更（その変更に伴う地番の変更及び次号に規定する事業の施行に伴う地番の変更を含む。）に伴う登記事項又は登録事項の変更の登記又は登録

設問 4

　登記義務者の現在の氏名住所等が、登記記録のそれと合致しないときは、その登記の申請は却下される（不動産登記法25条 7 号）。
　では、ある登記をするときに、その前提として登記義務者の住所等の変更（更正）登記を要しないとする例外はあるか？

　例外は、次の場合のみである。

1．所有権以外の権利の抹消登記を申請するときに、氏名住所等の変更を証する情報を提供した場合（昭31.10.17－2370）

　　→上記、所有権以外の権利には、「買戻権」が含まれる。

2．所有権に関する仮登記の抹消登記を申請するときに、氏名住所等の変更を証する情報を提供した場合（昭32.6.28－1249）

第1章　登記名義人の氏名、名称または住所の変更更正登記

　たとえば、抵当権者の株式会社Aが、株式会社Bに商号を変更している場合、抵当権抹消登記の前提として、登記義務者である株式会社Bについて、前提として商号変更の登記を申請することを要しない。

　　→すぐに消す権利についての登記名義人変更登記は、勘弁してやるということ。

3．相続人である受遺者が遺贈による所有権移転登記を単独で申請するときに、氏名住所等の変更を証する情報を提供した場合（質疑登研908P6）。

　　→遺贈による所有権移転登記を共同で申請するときは、原則どおり、住所等の変更登記を要する。

　以上を、明確にしよう。

1．所有権を抹消する場合、前提としての登記義務者の住所等の変更登記を省略することはできない。

2．権利の保存、設定、変更、更正登記等をするときに、前提として、登記義務者の住所等の変更（更正）登記を要しないとする例外はない。

　なお、登記義務者がいないケースは、前提としての登記名義人の住所等の変更登記は要しない（例　相続登記）。

設問 5

　甲を設定者とするA名義の抵当権が設定されている。
　甲の住所が移転しているとき、抵当権抹消登記の前提として、所有権登記名義人住所変更の登記の申請を要するか？

　要する。
　本事例で、登記記録上の甲と、申請人（登記権利者）の甲は同一人でなければならない。

　　→申請人適格の問題である。

設問 6

　甲から乙への所有権移転登記を抹消する場合、甲の現在の住所が登記

要しない（質疑登研346 P 41）。

甲は、過去の登記名義人であり、その住所変更の手続が不動産登記法に存
在しない。

このため、本事例では、甲の住所変更の過程を証する情報を提供して、所
有権抹消登記を申請する。

設問 7

　　登記名義人である株式会社Ａが合同会社Ａに組織変更をした。いかな
る登記を申請すべきか？

「年月日組織変更」による登記名義人名称変更登記である。

組織変更は、会社の同一性を維持した手続であるため、権利の移転登記を
するわけではない。

参考先例

胎児を登記名義人とする相続登記がされた後、胎児が出生したときは、
「年月日出生」を登記原因として、登記名義人の氏名住所の変更登記を申請
する（令5.3.28－538）。

登記名義人である特例有限会社が株式会社に商号変更したときは、「年月
日商号変更」を登記原因として、登記名義人名称変更登記を申請する（質疑
登研700 P 199）。

登記名義人の氏名の変更登記をするときの登記原因は「氏名変更」である
（記載例617）。

　→年月日離婚などとはしない。

所有権を取得したときに、すでに住居表示が実施されていたが、それ以前
の住所で登記をした場合、その登記名義人の住所を住居表示実施後の住所と

する登記は更正登記によるべきであり、この場合、登録免許税の納付を要する（質疑登研425 P 129）。

　→更正登記には、登録免許税法5条4号の適用はない。

第2章 ‖ 主登記と付記登記

> 登記は、主登記(独立の番号)であることが原則である。
> →付記登記(枝番)をすべきときは、その旨の法令の規定を要することになる。
>
> 付記登記には、2つの目的がある。
> 1. 主登記との関連性をわかりやすく公示する。
>   例 登記名義人住所変更登記
> 2. 主登記と同一の順位番号を有することを公示する。
>   例 抵当権移転登記

設問1
一般論として、付記登記がされる3つのケースを挙げよう。

次の3つを明確にしておこう。

1. 権利の変更、更正登記(不動産登記規則3条2号、不動産登記法66条)
   →なお、利害関係人がいるときは、その者の承諾情報を提供した場合に限る。
2. 所有権以外の権利の移転(不動産登記規則3条5号)
   →ただし、根抵当権の分割譲渡の登記は主登記でされる。
3. 所有権以外の権利を目的とする権利に関する登記(処分の制限の登記を含む。不動産登記規則3条4号)

設問2
必ず、付記登記でされる例を挙げよう。

次の例がある。

1. 登記名義人の氏名もしくは名称または住所についての変更の登記または更正の登記(不動産登記規則3条1号)
2. 債権の分割による抵当権の変更の登記(不動産登記規則3条2号イ)
3. 指定根抵当権者、指定債務者の合意の登記(不動産登記規則3条2号ロ)
4. 根質権または根抵当権を分割して譲り渡す場合においてする極度額の減

　額による変更の登記（不動産登記規則3条2号ハ）

5．共有根抵当権の優先の定め（不動産登記規則3条2号ニ）

6．登記の目的である権利の消滅に関する定めの登記（不動産登記規則3条6号）

7．民法392条2項の代位の登記（不動産登記規則3条7号）

8．抵当証券交付または抵当証券作成の登記

9．買戻しの特約の登記（不動産登記規則3条9号）

10．根抵当権の元本確定の登記

　このほか、利害関係人のいない変更（更正）の登記は、必ず、付記登記となる。

　　例　（根）抵当権の債務者の変更

　　　　根抵当権の債権の範囲の変更

　また、登記の申請をするときに、必ず、利害関係人の承諾を要するときの変更（更正）の登記も、付記登記となる。

　　例　根抵当権の極度額の変更

　　　　所有権更正

　　　　何番抵当権を何某持分の抵当権とする変更

設問3

主登記でも付記登記でもされる可能性のある登記は何か？

　利害関係人がある場合の、変更、更正の登記が典型例である。

　　例　抵当権の債権額の変更登記

　　　　抵当権の効力を所有権全部に及ぼす変更

　　　　共有物不分割特約の登記（所有権変更登記）

　　　　抵当権の利息の特別登記（民法375条1項ただし書）

　このほか、次の例がある。

1．抹消回復登記

　　登記事項の一部が抹消されている場合においてする抹消された登記の回

第
2
部

各
論

復は付記登記となる（不動産登記規則3条3号）。

　　登記事項の全部が抹消されたときの回復は、主登記である。

2．工場財団に属した旨の登記

　　所有権が、工場財団に属したときは、主登記。

　　地上権、賃借権が、工場財団に属したときは、付記登記。

◆ポイント◆　必ず主登記でされる登記

数多くあるが、次のものを知っておこう。

　1．抹消登記

　2．破産法の否認の登記

　3．敷地権たる旨の登記

☞トークタイム　素振り

　記述式試験の準備として「素振り」が欠かせません。野球選手が普段素振りをしないと実戦で投手の球が打てないように、受験生も、普段、素振りをしないと記述式試験の点が取れません。

　「素振り」とは、当たり前の書式を「何度も書く」という作業です。本試験とは厳しいもので受験生はたいてい「アタマが真っ白」になります。

　「素振り」は「アタマが真っ白」になっても「手が勝手に解答を書いている」という状態を作るために必要な作業なのです。

　野球選手が相手投手の本気モードの剛速球に「無意識」で「体が勝手に」対応するように、受験生も「考えれば書ける」という程度の修練では、到底、本試験で通用することはなく、「体が勝手に」解答を書く境地に至ることが合格に必要な技能であります。

第3章 抵当権の登記

1 抵当権の設定

　抵当権の登記事項、被担保債権の付従性の緩和など、基本的な事項は、本シリーズ『民法Ⅰ』の抵当権の項を参照のこと。

設問1

　所有権の一部に抵当権の設定登記をすることができるだろうか？

　一般論としては、できない（昭35.6.1－1340）。

　しかし、同一人が数回にわたり持分を取得しているときは、次の要領で抵当権の設定登記をすることができる（昭58.4.4－2252）。

　　登記の目的　所有権の一部（順位何番で登記した持分）抵当権設定
　　登記の目的　何某持分の一部（順位何番で登記した持分）抵当権設定

《関連事項》地上権の甲持分の一部に抵当権を設定した場合

　　登記の目的　何番地上権甲持分の一部（順位何番付記何号で登記した持分）
　　　　　　　　抵当権設定

→要するに、何を目的として抵当権を設定するのかを「特定」すればよいだけの話である。

《関連事項》ＡＢ共有不動産の全部に抵当権を設定する場合

　　登記の目的は、単に「抵当権設定」でよい。

→共有者全員持分全部抵当権設定とはしない。

参考先例

　清算中の会社を設定者として抵当権設定登記をすることができる。解散後に設定契約をしたときも同様である（昭41.11.7－3252）。

　→清算会社の目的は清算であるが、清算のためには債務の弁済を要し、このため

の抵当権の設定は、当然に清算会社の目的の範囲内である。

金銭消費貸借債権（この債権額金1000万円）のうち一部（金700万円）について、抵当権の設定の登記をすることができるか？

できる（昭30.4.8－683）。

金銭消費貸借契約と抵当権設定契約は、法的に別の契約である。

カネを貸したら抵当権を設定しなければならないというルールはない。

→抵当権を設定してもよい。しなくてもよい。その中間で債権の一部に抵当権を設定してもよい。当事者の自由である。

申請情報の記載例は以下のとおりである。

登記の目的	抵当権設定
原因	年月日金銭消費貸借（金1000万円のうち金700万円）年月日設定
債権額	金700万円
（中略）	
登録免許税	金2万8000円（債権額の4／1000）

債権者の異なる2つの債権を担保する一の抵当権を設定することができるか？

できない（昭35.12.27－3280）。

債権者Aが他の債権者（B）の債権について抵当権を設定することは、付従性の原理に反するからできない。

この場合、AおよびBのそれぞれを債権者とする2つの抵当権を設定すべきである。

《関連事項》債権が準共有されている場合

　ＡおよびＢが債権を共有している場合、その双方を抵当権者とする抵当権を設定することができる。

　→この場合、ＡＢそれぞれの持分の記載を要する。

宿題1　　ＡＢ共有抵当権のうちＡ持分についてだけ、他の不動産に抵当権を追加設定することができるか？

設問4

2以上の抵当権を同順位で設定することができるか？

　できる。

　同順位とする旨を明らかにして申請すればよい。

　当該2以上の抵当権は、同一の受付番号となり、何番（あ）、何番（い）の要領で、同順位の抵当権として登記される。

設問5

債務者の異なる2つの債権を担保する一の抵当権を設定することができるか？

　できる。

　抵当権の被担保債権は1つに限るというルールはない。

　申請情報の内容は、次のとおりである。

登記の目的	抵当権設定
原因	（あ）年月日金銭消費貸借
	（い）年月日金銭消費貸借
	年月日設定
債権額	金2000万円
	内訳　（あ）金1400万円
	（い）金600万円
（中略）	

```
債務者          (あ) 甲
               (い) 乙
 (中略)
登録免許税    金8万円（債権額の4／1000）
```

参考先例 ～～～～～～～～～～～～～～～～～～～～

　元本債権のほか、一定期間に発生する利息債権の額を併せて債権額として、抵当権の設定登記を申請することができる（昭36.3.25-676）。

　→「債権額　金1050万円　内訳　元本　金1000万円　利息金50万円」の要領で登記すればよい。

～～

宿題2 ┃ 設問5の債権のうち（あ）債権についてのみ、他の不動産に抵当権を追加設定することができるか。

宿題の解答▼

┌───┐
╎　1および2、いずれも追加設定ができる。　　　　　╎
└───┘

設問6
任意的登記事項とは何か？

　ある定めが存在するときには登記をしなければならないが、定めがないときには登記事項とならない事項のことである。

　たとえば、金銭消費貸借抵当権設定契約書に、「利息　定めなし」とあれば、利息は登記事項にならない。
　しかし「利息　無利息」とあれば、利息を無利息とする定めがあるのだから、その旨の登記をしなければならない。

　これに対し、絶対的登記事項は、例外なく登記がされる事項をいう。

　たとえば、買戻特約において、契約費用の定めがない場合「契約費用　なし」と登記する。

確認事項　抵当権の絶対的登記事項

　債権額と債務者である。

参考先例 ∘∘

　抵当権の設定契約の後、債権の一部が弁済されたときは、現存する債権の額を債権額として抵当権設定登記を申請することができる（昭34.5.6－900）。

　→申請情報に、一部弁済がされた旨の記載は不要。単に「年月日金銭消費貸借年月日設定」でよい。

　→これとは逆に、分割貸付の場合には、その全額の貸付前に、分割貸付契約書に記載された総貸付額を債権額として、抵当権設定登記を申請することができる。

∘∘

　外国の通貨により被担保債権が指定された場合、「債権額　米貨金何ドル　担保限度額金何円」と登記するが、この担保限度額は当事者が任意に定めることができ、為替相場によることを要しない（昭35.3.31－712）。

　→設定登記の課税標準価額は、担保限度額となる。

∘∘

　アドオン方式で金銭消費貸借をした場合、債権額は、前払いの利息相当額と交付額の合計額を表示し、利息は「支払済」とする（昭39.10.15－3395）。

　→アドオン方式は、交付額について利息を割り出し、その合計額を返済回数で割る方法。

∘∘

　「利息年何％　ただし金融情勢により、債権者が適宜に変更することができる。」という旨の登記をすることはできない（昭31.3.14－506）。

　→不明確な定めは登記できない。

　→「利息年何％　ただし年月日から発生する」と登記することができる。明確であればよいのである。

∘∘

　利息制限法の定めを超える利息を記載した抵当権の設定登記の申請をする

ことはできない。ただし、抵当権の設定契約において、利息制限法の定めを超える利息の定めをしたときでも、これを制限内に引きなおして設定登記を申請することはできる（昭29.7.13－1459）。

抵当権設定登記において、定期金の性質のない違約金の定めを登記することはできない（昭34.7.25－1567）。

→なお、違約金は質権においては任意的登記事項である。

重利の特約を登記することができない（昭34.11.26－2541）。

→当該定めがあるときは、利息の延滞が生じるごとに、利息の元本組入れの登記を申請すべきである。

抵当権者が全国に支店を有する金融機関である場合、取扱店の登記をすることができる（昭36.5.17－1134）。

→地上権等において、取扱店の登記をすることができる場合はない。

設問7
抵当権の債務者として権利能力なき社団を登記することができるか？

できる（昭31.6.13－1317）。

債務者は、単なる登記事項であるから、権利能力を有しなくてもよい。

→例　「債務者　何株式会社従業員組合」

《関連事項》根抵当権の場合

根抵当権の債務者を権利能力なき社団とすることもできる。

《関連事項》登記名義人の場合

権利能力なき社団を登記名義人として登記をすることはできない。

宿題3　上記には、例外があり、権利能力なき社団が登記名義人となることもある。

| その例外および例外が認められる理由は何か？

設問 8

次の登記原因により、抵当権設定登記をすることができるか？
1. 年月日債務弁済契約年月日設定
2. 年月日債務承認契約年月日設定

1について

できない（昭40.4.14－851）。

債務の弁済は義務である。

弁済するのが当たり前である、登記すべきは、いかなる債権を原因として
弁済をすべきかということである。

2について

できる（昭58.7.6－3810）。

債務承認契約により残存する債務の額を確定し、新たに遅延損害金の定め
をするなど、準消費貸借や更改に類似の契約をしたときは、原契約上の債権
とは別の新たな債権が生じたとみることができるからである。

なお、単に既存の債務を承認し、その弁済方法を定めたにすぎないときは、
原契約上の債権とは別の新たな債権が生じたとはいえないから、「年月日債
務承認契約年月日設定」を登記原因とする抵当権を設定することはできない。

《関連事項》準消費貸借契約

準消費貸借契約は、諾成、有因の契約である（民法588条）。

したがって、債権の発生原因であると評価できる。

→有因とは原契約に無効原因があれば、準消費貸借契約も無効となること。

宿題3の解答▼

処分制限の登記（差押え）の登記名義人は権利能力なき社団でもかまわ
ない。

その理由は、権利能力なき社団に訴訟能力が認められているためである。

●展開● 権利能力なき社団に、訴訟能力が認められるための要件

　法人でない社団または財団で代表者または管理人の定めがあるものは、その名において訴え、または訴えられることができる（民事訴訟法29条）。

　　→代表者または管理人の定めがあることが要件である。

　なお、供託規則に同趣旨の規定があることに注意しよう（供託規則13条2項1号）。

　原告または被告が裁判上の保証供託をすることがあるのだから、権利能力なき社団に供託能力があることも当然の話となる。

●展開● 裁判上の保証供託を第三者がすることの可否

　裁判上の保証供託は第三者がすることができる。

　このほか、債務者以外の第三者が供託をすることができるのは、弁済供託のケースのみである（民法474条　第三者弁済）。

　なお、第三者が裁判上の保証供託をするときは、裁判所の同意を要するが、相手方の同意は不要である。

　争いの当事者である相手方の同意は不可能でもあろう。

　　→以上、供託法において頻出である。

─────────────────
　設問9
　　「附属建物には抵当権の効力が及ばない」旨の登記をすることができるか？
─────────────────

　できない（明37.2.13−1057）。
　附属建物は、登記上、主たる建物と一体化している。

─────────────────
　設問10
　　次の物を共同担保として抵当権を設定することができるか？
　1．不動産と登記立木と工場財団
─────────────────

2．不動産と登記船舶

1 について

　共同担保として抵当権を設定することができる。

　登記立木、工場財団は、いずれも法律上、不動産とみなされるためである。

2 について

　共同担保として抵当権を設定することができない。

　登記船舶は不動産とはみなされないため。

→当たり前である。船は動くから。同じ理由で、不動産と登録された自動車を共
　　同担保とすることができない。

設問11

　　抵当権の追加設定の申請をする場合、申請情報の内容として、前登記
の表示はどのように記載すべきか？

前登記の表示　何市何町何番の土地　順位番号何番

　　　　　　　　何市何町何番地　家屋番号何番何の建物　順位番号何番

などと記載する。

　　ただし、申請を受ける登記所に、前の登記に係る共同担保目録の番号があ
るときは、その目録の記号と番号を記載すれば足りる。

前登記の表示　共同担保目録（あ）第123号

　→土地、建物の表示、順位番号は省略してよい。

《関連事項》共同根抵当権の場合

　　前登記の表示は、土地、建物の表示、順位番号のほか、申請を受ける登記
所に、前の登記に係る共同担保目録の番号があるときは、その目録の記号と
番号をも記載する。

　→あるものは全部書く。

前登記の表示　何市何町何番の土地　順位番号何番
　　　　　　　何市何町何番地　家屋番号何番何の建物　順位番号何番
　　　　　　　共同担保目録（あ）第123号
という要領である。

設問12

　既存の抵当権の利息が年３％と登記されている。利息の額を年４％とする抵当権の追加設定の登記を申請することができるだろうか？

できる。

　被担保債権に同一性があれば、法律上当然に共同抵当となるためである。設問の事例は、抵当権設定後に利息が変更されたと考えられるが、その変更登記をしなくても追加設定の登記を申請することができる。

　このほか、既存の抵当権の抵当権者の氏名等、債務者の氏名等に変更があっても、その変更登記をせずに、追加設定の登記を申請することができる。
　→なお、抵当権者の氏名等に変更があったときは、追加設定の登記の申請書に変更を証する情報の提供を要する。

《関連事項》根抵当権の場合

　根抵当権が「同一の債権を担保する」といえるためには、根抵当権者、極度額、債権の範囲、債務者がピタリ一致していなければならない。

　このため、既存の根抵当権について、上記の４大要素に変更があれば、その登記をした後でなければ、共同根抵当権設定（追加）の登記を申請することができない。

　なお、共同根抵当権設定（追加）の場合でも、優先の定め、民法370条ただし書の定め、確定期日は、既存の根抵当権との一致を要しない。

　これらは、根抵当権の要素ではなく、相違があっても、「同一の債権を担保する」根抵当権であるといえるからである。

参考先例

すでに登記された抵当権について被担保債権の一部が弁済されたが、まだ、

債権額の変更の登記をしていないときでも、残存する債権額を記載して抵当権の追加設定登記をすることができる（昭37.3.13－650）。

設問13

　甲登記所管轄のA不動産、乙登記所管轄のB不動産を共同担保として抵当権の設定契約をした場合、双方の登記所で同日に、AB不動産を共同担保とする抵当権の設定登記を申請することができるか？
　なお、登記の申請から完了までは、数日かかるものとする。

できる。
　この場合、登録免許税法13条2項の減税を受けることはできないが、それをいとわなければ同日の申請は可能である。
　→共同抵当権の追加設定の場合、前登記証明書の提供は必須ではない。

　なお、設問の事例では、通常は、甲登記所でAB不動産を共同抵当として登記をし（この時点で甲登記所に共同担保目録が作成される）、その後に、乙登記所で登録免許税法13条2項の減税を受けて共同抵当権の設定の登記申請をする（後れて、乙登記所に共同担保目録が作成される）。

《関連事項》共同根抵当権の追加設定
　設問の事例が、根抵当権であれば、同日の申請は不可能である。
　共同根抵当権の設定は以下の手順でなければならない。

　まず、一方の登記所（甲登記所としよう）でA不動産に設定登記をする。
この時点では、単独の根抵当権である。
　数日後、甲登記所の登記が完了する。
　そして、甲登記所で前登記証明を取得し、しかる後に、乙登記所でAB不動産への共同根抵当権設定（追加）の登記をするのである。
　この際に、乙登記所に共同担保目録が作成される。
　甲登記所では乙登記所からの通知により、これに後れて共同担保目録が作成される。

→共同根抵当権の追加設定の場合、前登記証明書の提供は必須である。

　共同担保たる旨の登記は、登記が効力発生の要件だから、2つ目の根抵当権を設定する瞬間にしか、することができないのである。

2 抵当権の移転

　抵当権の移転登記は、債権譲渡、代位弁済、会社分割を原因とする場合は、共同申請であり（登録免許税は、債権額の2／1000）、相続、合併を原因とする場合は、単独申請である（登録免許税は、債権額の1／1000）。
　→基本的に、抵当権は、随伴性により移転する。

《関連事項》債権譲渡の対抗要件と抵当権移転登記の優劣

　Aがその有する債権を甲と乙に二重譲渡をした場合、その優劣は被担保債権の債権譲渡の対抗要件により決する。

　甲への譲渡につき、債務者に対して確定日付証書による通知が先にされていれば、乙が抵当権の登記を経由していても乙の登記は無効な登記となる。

設問 1
　乙区1番付記1号で、「真正な登記名義の回復」による抵当権移転登記を申請することができるか？

　できない。
　移転の付記のない場合、所有権以外の権利の真正な登記名義の回復の登記の申請は認められない。
　したがって、「真正な登記名義の回復」による抵当権移転登記は、乙区何番付記2号以下となる。
　→抵当権設定登記の登記名義人に誤りがあれば、その登記を移転することはできず、抹消の対象になるという意味。

《関連事項》所有権の場合

　所有権保存の登記名義人に誤りがあれば、真正な登記名義人の回復による

移転登記をすることが可能である。

設問 2

　抵当権の被担保債権の転付命令が発せられた場合、いかなる登記を申請すべきか？

　いかなる登記も申請できない。

　まず、転付命令は発せられただけではその効力を生じないから、そのことのみでは抵当権は移転しない。

　また、仮に、転付命令が確定しその効力が生じたとしても、これによる抵当権の移転登記は裁判所書記官が嘱託する（民事執行法164条1項）。

→なお、転付命令は原則として確定によってその効力を生じるが、被差押債権が給料などの差押禁止債権であるときは、差押債権者の債権が扶養義務等に係る定期金債権である場合を除いて、「確定し、かつ、債務者に対して差押命令が送達された日から4週間を経過」することによって、その効力を生じる。

■参考■　嘱託情報の中身

登記の目的	1番抵当権移転および1番付記1号差押抹消
原因	年月日転付命令（日付は転付命令の効力が生じた日）

となる。

　1番付記1号差押抹消とは、転付の前提としてされた抵当権の被担保債権の差押登記を抹消する意味である。

●展開●　確定しなければその効力を生じない命令とは？

　以下は、民事執行法において頻出の話題である。

　まず、転付命令は、名前は命令だが、その実質は執行裁判所の決定である。

　民事執行法による裁判は、決定、命令により行われ、一般に「相当と認める方法で告知することによって、その効力を生ずる。」

→これは、決定、命令の一般則である（民事執行法20条が民事訴訟法119条を準用。各自条文を確認のこと）。

さて、「民事執行の手続に関する裁判に対しては、特別の定めがある場合に限り、執行抗告をすることができる。」（民事執行法10条1項）ものとされるが、この執行抗告には、原則として、執行停止の効力がない。

→上級審で執行抗告が認められるまでは、告知により生じた効力が止まらない。

しかし、一定の決定については、執行抗告により、執行停止の効力が生じるものとされ、この場合、当該決定は、確定しなければその効力を生じないことになる。

転付命令は、その典型例である（民事執行法159条5項）。

確認事項　民事執行法の頻出課題

1．いかなる決定に対して執行抗告をすることができるか。

→民事執行法10条8項、12条1項、45条3項、51条2項、74条1項、83条4項、93条5項、105条2項、145条6項、154条3項、159条4項、197条5項、205条4項。

2．執行抗告をすることのできる決定のうち、確定しなければその効力を生じないものはどれか。

→民事執行法12条2項、74条5項、83条5項、159条5項、197条6項、205条5項。

●展開●　執行抗告をすることができる期間

執行抗告は、裁判の告知を受けた日から1週間の不変期間内に、抗告状を原裁判所に提出してしなければならない（民事執行法10条2項）。

設問3

抵当権者が連帯債務者の甲乙丙のうち甲に対する債権のみを第三者に譲渡した場合、いかなる登記を申請することができるか？

年月日債権譲渡（連帯債務者甲に係る債権）を登記原因として、抵当権の一部移転登記をする（平9.12.4－2155）。

課税価額は、抵当権の債権額となる。

設問4

抵当権者甲が債権の一部を乙に譲渡した場合、乙の持分が登記されるか？

登記されない。

この場合、譲渡額を登記する。

　→一部代位弁済の場合は、弁済額を登記する。

この場合の申請情報の内容は次のとおり。

登記の目的	何番抵当権一部移転
原因	年月日債権一部譲渡
譲渡額	金何円
権利者	乙
義務者	甲

設問5

　甲登記所のA土地と乙登記所のB土地に共同抵当権が設定されている。甲登記所で債権譲渡により移転登記をした後、乙登記所で同様の移転登記を申請するとき登録免許税法13条2項の減税を受けることができるか？

　前登記証明書（登記事項証明書）を提供すれば、登録免許税法13条2項の減税を受けることができる（昭43.10.14－3152）。

設問6

　民法392条2項による代位の登記を申請するときの登録免許税額はいくらか？

　不動産1個につき1000円である。付記登記分（登録免許税法別表1.1⑭）。

設問7

　ABの共有抵当権において、Aが抵当権の持分を放棄した場合の登記の目的と原因は？

　以下のとおりである。

登記の目的	何番抵当権A持分移転
原因	年月日抵当権持分放棄

《関連事項》確定前根抵当権の共有者がその権利を放棄したとき

登記の目的	何番根抵当権共有者Aの権利移転
原因	年月日放棄

という申請情報の内容となる。

確定前根抵当権には持分の概念がないため、抵当権の場合と記載の方法が異なるのである。

確認事項 　放棄による根抵当権の共有者の権利移転の登記

次の事項を確認しよう。

1．設定者の承諾が不要。

2．他の共有者の同意が不要（他の共有者は登記権利者となる）。

参考先例

被担保債権の発生原因とその日付の記載に遺漏のある抵当権の移転登記をする場合には、前提として抵当権の更正登記をすることを要するが、抹消登記の前提としての抵当権の更正登記はすることを要しない（昭31.3.14－504）。

→消す権利の更正は不要という趣旨。抹消の前提として債務者の変更登記なども不要である。

A所有の甲土地と、B所有の乙土地を目的として、債務者をCとするXの共同抵当権の登記がされており、乙土地に後順位の抵当権者Yがいるときに、乙土地の競売がされたときは、YはBに代位して、甲土地のXの抵当権のBへの移転登記を申請することができる。

この場合、代位原因は、「年月日設定の抵当権に基づく物上代位」となる（昭43.5.29－1834）。

→代位原因証明情報は、乙土地の登記事項証明書である。

参考先例

債権譲渡による抵当権の移転の登記を申請する場合、債権譲渡について債務者に通知をしたことを証する情報の提供を要しない（明32.9.12－1636）。

3 抵当権の変更

設問1

債権額の増額変更の登記は、いかなる場合に申請することができるか？

数次の貸付の場合には、債権額の増額変更の登記ではなく、それぞれ別個の抵当権を設定すべきであるとされているが（明32.11.1－1904）、次の場合には、債権額の増額変更の登記をすることができる。

1. 被担保債権が将来生ずべき債権であるとき（昭42.11.7－3142）。
2. 債権の一部を担保する旨の登記がされているとき（質疑登研119）。
    → 「原因　年月日金銭消費貸借金1000万円のうち金700万円年月日設定」のケースで、金1000万円までの増額変更ができる。

このほか、利息を元本に組み入れたときにも、債権の増額変更の登記を申請すべきことになる。

以下の要領である。

登記の目的	何番抵当権変更（付記）
原因	年月日、年月日から年月日の利息の元本組入れ
変更後の事項	債権額　金何万円

設問2

抵当権の債務の一部が弁済された。次の場合、いかなる登記を申請するか？

1. 債務者が弁済した場合

2．保証人が弁済した場合

1について

　年月日一部弁済を登記原因として、抵当権の債権額の減額変更の登記をする。

2について

　年月日一部代位弁済を登記原因として、抵当権の一部移転登記をする。

《関連事項》元本のみの弁済のケース

　被担保債権のうち、債務者が元本のみを弁済したときは、「年月日元本弁済」を登記原因とする、抵当権の変更登記を申請する。

　変更後の事項は、「債権額　金何円（年月分から年月分までの利息）」とする。

確認事項　設問2の抵当権が根抵当権の場合

　確定前根抵当権であれば、1および2いずれも、何ら、登記事項が発生しない。

1の場合　極度額に変化なし。

2の場合　根抵当権は移転しない。

　確定後根抵当権であれば、2の場合のみ登記事項が発生する。

1の場合　極度額に変化なし。

2の場合　一部代位弁済により根抵当権一部移転登記を申請すべきである。

◆一問一答◆

問　元本確定後に債務者が根抵当権の被担保債権の一部を弁済したときは、その旨の登記を申請することができるか？

答　申請することができない。一部弁済をしても根抵当権の極度額は変化しないためである。

設問3

　抵当権の債務者がAである場合に、引受人をBとする免責的債務引受があったときは、いかなる登記を申請すべきか？

　このケースは債権者が抵当権を引受人の債務に移すことの可否について、次の2つの場合に分かれる。
1．設定者が引受人Bの場合
　　年月日免責的債務引受による抵当権の債務者の変更登記をすることができる。
2．引受人B以外の者が設定者の場合
　　その者の承諾のない限りは、抵当権を抹消する。
　　承諾があったときは、年月日免責的債務引受による抵当権の債務者の変更登記をすることができる。

確認事項 | 抵当権の債務者の変更登記

　書面により添付情報を提供するときでも、設定者の印鑑証明書の提供を要しない（不動産登記令18条2項、不動産登記規則49条2項4号、48条5号、47条3号(1)イ）。
　→ただし、登記識別情報を提供できない場合を除く。

設問4

　抵当権の債務者をA→ABとする併存的債務引受があり、抵当権がBの債務をも担保することとなった場合、いかなる登記を申請すべきか？

　年月日併存的債務引受による抵当権の債務者の変更登記をすることができる。変更後の事項は、「追加する事項　連帯債務者　B」とする。
　→なお、抵当権がBの債務を担保することとならなかったときは、何らの登記申請を要しない。

●展開●　併存的債務引受の効果

　併存的債務引受により複数の債務者が連帯債務関係となる（民法470条1項）。

また、債務者と引受人がした併存的債務引受は、債権者のための「第三者のためにする契約」の規定に従うこととなる（民法470条4項）。

→債権者の受益の意思表示により、債権者の権利が具体的に生じる。

設問5

死亡した債務者甲の相続人を乙丙丁とする。
次の場合、いかなる登記を申請するか？
1．乙を債務者とする遺産分割協議をし、債権者（抵当権者）がこれを承諾したとき。
2．乙が丙丁の債務を引き受ける契約をし、債権者（抵当権者）がこれを承諾したとき。

1について

「何月日相続」を原因として、債務者を乙とする変更登記を申請する。

登記の目的	何番抵当権変更
原因	年月日相続
変更後の事項	債務者　住所　乙

2について

次の2件の登記をする。

1．「何月日相続」を原因として、債務者を乙丙丁とする変更登記
2．「年月日丙、丁の債務引受」を原因として、債務者を乙とする変更登記

1／2	登記の目的	何番抵当権変更
	原因	年月日相続
	変更後の事項	債務者　住所　乙
		住所　丙
		住所　丁
2／2	登記の目的	何番抵当権変更
	原因	年月日丙、丁の債務引受
	変更後の事項	債務者　住所　乙

確認事項 相続を原因とする債務者の変更登記の登記原因証明情報の内容

戸籍謄本等でなくてもよい。

実務では、登記所差入れ方式の登記原因証明情報に義務者が押印することが通常である。

《関連事項》確定前根抵当権の債務者の死亡

抵当権の場合と同様に相続による債務者の変更登記をすることができるが、その後は、指定債務者の合意の登記の問題となる。

設問6

抵当権の債務者を変更する更改契約がされた場合、いかなる登記を申請すべきか?

債権者は、更改前の債務の目的の限度において、その債務の担保として設定された抵当権を更改後の債務に移すことができる(民法518条1項本文)。

この場合、次の変更登記をすることができる。

なお、第三者(更改の契約当事者でないもの)が設定者であるときは、その承諾を要する。

　　→承諾がなければ抵当権を抹消すべきであろう。

更改による抵当権の変更登記の申請例

登記の目的	何番抵当権変更
原因	年月日債務者更改による新債務担保

変更後の事項は、新債務の債権額、利息、損害金、債務者を記載することになる。

◀ポイント▶ 次の点の理解が重要である。

1. 債権額が減額される場合

この場合も、設定者が登記義務者である。

　→更改は債務の消滅原因のひとつであり、その付従性から抵当権は消滅すべきところ、これを新債務に移すこと自体が設定者に不利と考えるのである。

2. 債務者の更改による変更の場合

　　この場合も、登記義務者の印鑑証明書が不要である（書面により添付情報を提供する場合）（不動産登記令18条2項、不動産登記規則49条2項4号、48条5号、47条3号イ(1)）。

　　→債務者の変更と同視される。

参考先例

　　抵当権の利息を「年10％」から「年10％（年365日日割計算）」に更正する登記をする場合、抵当権者が登記権利者、設定者が登記義務者となる（質疑登研406Ｐ91）。

　　→うるう年の利息が、わずかにアップする。

　　抵当権の設定登記に取扱店の表示が登記されていないときは、これを追加する変更登記をすることができる（昭36.11.30－2983）。

確認事項　取扱店の表示の変更登記の申請人他

　　抵当権者の単独申請である。

　　登記原因はない（申請情報にも登記簿にも記載しない）。

　　しかし、登記原因証明情報の提供を要する（不要とする規定がない）（質疑登研689Ｐ291）。

設問7
　　甲乙共有の不動産についてＸが甲持分に抵当権を設定した。
　　この後、甲が乙の持分を取得し、その持分に抵当権を追加設定した。
　　いかなる登記を申請すべきか？

　　抵当権の効力を所有権全部に及ぼす変更の登記を申請する。

　　この登記には、不動産登記法66条の適用があり、利害関係人がいれば、その者の承諾を得た場合に限り、登記は付記で実行される（承諾が得られないときは主登記となる）。

利害関係人は、抵当権に後れて、従前の乙持分に権利を有する者である。

所有権全部に抵当権を設定した者、所有権全部を差し押えた者等も、乙持分に権利を有するから、利害関係人に含まれる。

なお、登録免許税については、登録免許税法13条2項の適用がある。

《関連事項》場合により、「何番抵当権の効力を甲持分の全部に及ぼす変更」の登記をすることもある。

■参考■　申請情報の内容は以下のとおり

登記の目的	何番抵当権の効力を所有権全部に及ぼす変更（付記）
原因	年月日金銭消費貸借年月日設定
権利者	X
義務者	甲
添付情報	登記原因証明情報
	登記識別情報
	印鑑証明書
	（承諾情報）
	代理権限証明情報
登録免許税	金1500円（登録免許税法第13条第2項）

→登記識別情報は、甲が新たに取得した持分のもののみでよい。

→不動産の個数が複数であれば、登録免許税は、金1500円×不動産の個数となる。

設問8

　設問7のケースで、甲持分に根抵当権が設定されていた場合、何か違いが生じるか？

基本的には違いがない。

しかし、抵当権の場合、登記原因が「年月日金銭消費貸借年月日設定」となるところ、根抵当権の場合は「年月日設定」となる（日付は追加設定をした日）。

甲乙共有の不動産についてXが甲持分に抵当権を設定した。

この後、Xが乙持分に抵当権を追加設定した。

いかなる登記を申請すべきか？

「乙持分抵当権設定」の登記をする。

→甲持分の抵当権の追加設定となる。当然、登録免許税法13条2項の適用がある。

同一不動産の甲持分と乙持分に2つの抵当権が設定され、共同担保となる。

→登記官は、共同担保目録を作成すべきことになる。

甲所有の不動産についてXが抵当権を設定した。

この後、甲が乙に所有権を一部移転し、Xは乙持分の抵当権を放棄した。

いかなる登記を申請すべきか？

次の申請例となる。

登記の目的	何番抵当権を甲持分の抵当権とする変更
原因	年月日乙持分の放棄
権利者	乙
義務者	X
添付情報	登記原因証明情報
	登記識別情報
	（承諾情報）
	代理権限証明情報
登録免許税	金1000円

　上記の登記は、抵当権の一部抹消の実質があるため、利害関係人（転抵当権者等抵当権を目的とする権利を有する者）があるときは、必ず、その承諾情報の提供を要する（不動産登記法68条）。

◆一問一答◆

問　何番抵当権を甲持分の抵当権とする変更の登記が主登記で行われることはあるか？

答　ない。

《関連事項》根抵当権の場合

設問10の抵当権が、根抵当権であったとしても、申請すべき登記の方式に特段の相違はない。

第2部　各論

設問11

　甲所有の不動産についてＸが抵当権を設定した（債権額金1000万円）。
　Ｘが被担保債権の一部（この金額300万円）をＹに譲渡し、その旨の登記がされた後、債務者がＹに弁済をした。
　いかなる登記を申請すべきか？

次の登記を申請する。

登記の目的	何番抵当権変更
原因	年月日Ｙの債権弁済
債権額	金700万円
権利者	甲
義務者	Ｘ　Ｙ
添付情報	登記原因証明情報
	登記識別情報
	（承諾情報）
	代理権限証明情報
登録免許税	金1000円

　上記の登記も、抵当権の一部抹消の実質があるため、利害関係人（転抵当権等抵当権を目的とする権利を有する者）があるときは、必ず、その承諾情報の提供を要する（不動産登記法68条）。

このため、登記は、必ず、付記で実行されることになる。

→なお、債務者がX（原抵当権者）に弁済をしたときも、同様の登記をすればよい。「年月日Xの債権弁済　債権額　金300万円」である。

■参考論点■　登記義務者

上記の登記（設問11）の登記義務者は、ＸＹの双方と解される。共有物（共有抵当権）の変更行為（民法251条1項）と考えられるためである。ただし、Ｙのみを登記義務者とすれば足りるという見解もある。

確認事項　抵当権一部移転登記の抹消の可否

本事例で、Ｘ→Ｙの抵当権一部移転登記を抹消する登記を申請することはできない。

これを抹消すると、Ｘの債権額金1000万円の抵当権が出現してしまうからである。

《関連事項》確定後根抵当権の場合

設問11の抵当権が、確定後の根抵当権である場合、次の2つの考え方がある。

いずれも、確定後の根抵当権について、債務者の一部弁済があっても、根抵当権の極度額が変動しないことを根拠にしている。

1．Ｘ→Ｙの根抵当権一部移転登記を抹消する。
2．「何番根抵当権の根抵当権者をＸとする変更」登記をする。

→当該登記について、変更後の事項は登記されない（極度額は不変であるため）。

なお、債務者がＸ（原根抵当権者）に弁済をしたときは、「年月日Ｘの債権弁済」により「何番根抵当権の根抵当権者をＹとする変更」登記をすればよい。

この場合も、もちろん、変更後の事項は登記されない。

《関連事項》混同

抵当権者が甲、設定者が乙の場合、甲が所有権の一部を譲り受けたときは、次の登記を申請する。

```
登記の目的　　何番抵当権を乙持分の抵当権とする変更
原因　　　　　年月日甲持分の混同
権利者兼義務者　甲
```

4 抵当権の処分の登記

　転抵当、抵当権の譲渡（放棄）、抵当権の順位譲渡（放棄）の登記には、次の特徴がある。

1．登記は、付記で実行される。

2．利害関係人は、いない。

3．登録免許税額は、不動産1個について1000円（付記登記分である）。

　→以上、例外はない。

　→転抵当権の設定登記の登録免許税額も、不動産1個について1000円であることに注意のこと。転抵当は新たに優先弁済の枠を広げる登記ではないためである。

《関連事項》転貸の登記の登録免許税

　不動産価額の10／1000である。

　　→不動産の使用収益権の新たな設定に当たるので賃借権の設定登記と同様になる。

《関連事項》順位変更の登記

　順位変更の登記の場合上記の3つが、すべて相違することになる。

1．登記は、主登記で実行される。

2．利害関係人の承諾は、いる。

3．登録免許税額は、抵当権の件数1件について1000円。

　　→1番2番順位変更の登記を2件の不動産について申請すると、金4000円となる。

◆一問一答◆

問　1番抵当権に転抵当が設定されている場合、1番抵当権者が2番抵当権

者に順位譲渡をし、その旨の登記を申請するときは転抵当権者の承諾を要するか？

答 要しない。抵当権の処分の登記に利害関係人はいない。これは、定理である。

抵当権の処分の登記は、登記の目的と原因にバラエティーがある。
以下、順不同で並べてみる。

オーソドックスなパターン

登記の目的　1番抵当権転抵当

変化型

登記の目的　1番抵当権A持分転抵当
登記の目的　1番抵当権の一部（金1000万円のうち金700万円）転抵当
登記の目的　1番付記1号転抵当の転抵当

オーソドックスなパターン

登記の目的　1番抵当権の2番抵当権への順位譲渡（放棄）
原因　　　　年月日順位譲渡（放棄）

変化型

登記の目的　1番（あ）抵当権の1番（い）抵当権への順位譲渡
原因　　　　年月日順位譲渡

→同順位の抵当権者間の順位放棄は意味がないから不可。

登記の目的　1番抵当権の一部（金1000万円のうち金700万円）の2番質権

	への順位譲渡（放棄）
原因	年月日抵当権一部順位譲渡（放棄）

登記の目的	1番抵当権の2番質権（金1000万円のうち金700万円）の一部への順位譲渡
原因	年月日順位譲渡（放棄）

登記の目的	1番抵当権A持分の2番抵当権への順位譲渡（放棄）
原因	年月日順位譲渡（放棄）

登記の目的	1番抵当権の2番抵当権A持分への順位譲渡（放棄）
原因	年月日順位譲渡（放棄）

登記の目的	1番抵当権A持分の1番抵当権B持分への順位譲渡
原因	年月日順位譲渡

第2部　各論

参考先例

　停止条件付抵当権設定の仮登記がされている場合、仮登記権利者は、後順位抵当権者にその順位を譲渡することができる（昭30.11.29-2514）。

　→民法129条が根拠である。

　→抵当権設定請求権仮登記は設定予約権でしかないため（債権であり抵当権ではない）、その権利者が抵当権の処分をすることができない。

　順位を譲渡する抵当権が登記されていれば、順位の譲渡を受ける登記が未登記でも有効に譲渡契約が成立し、後日、後順位抵当権が登記されたときに当該契約日を登記原因日付として順位譲渡の登記を申請することができる（昭36.12.23-3184）。

　未登記の抵当権を含めて順位変更の合意をし、その後に当該抵当権の設定登記がされた場合、順位変更の登記原因日付は、当該抵当権の設定登記をした日である（質疑登研367 P 136）。

《関連事項》根抵当権の処分

元本の確定前においては、根抵当権者は、民法376条1項の規定による根抵当権の処分をすることができない（民法398条の11第1項本文）。

ただし、その根抵当権を他の債権の担保とすること（転抵当）は、元本の確定の前後を問わずにすることができる（同項ただし書）。

なお、根抵当権の被担保債権の差押えや質権設定の登記も、元本の確定の前後を問わずにすることができる。

債権差押えや債権質の時期についての規制に係る規定が存在しないためである。

5 抵当権の順位変更

設問1

次の権利の相互間で順位変更をすることができるか？
1. 抵当権設定請求権仮登記
2. 根抵当権
3. 質権
4. 先取特権
5. 地上権
6. 仮登記担保
7. 譲渡担保

上記1から4の相互間で順位変更をすることができる。

5の地上権との順位変更は、不可である。

6と7は、甲区の権利だから、順位変更をすることができるわけがない。

設問2

一の抵当権を目的として登記された転抵当権者相互の順位を変更することができるか？

できる。

設問3

　同一人の有する複数の抵当権の順位変更登記を申請することができるか？

できる（質疑登研300 P 69）。

設問4

　抵当権の順位変更の変更登記をすることができるか？

できない。

　いったん変更した順位を再度変更する合意をしたときは、再度順位変更の登記をすべきであり、何番順位変更の変更なる登記を申請することはできない（昭46.10.4－3230）。

宿　題　　共有根抵当権者間の優先の定めが変更された場合、優先の定めの変更登記を申請することができるか？

設問5

　錯誤による抵当権の順位変更の更正登記をすることができるか？

できる。

　登記の目的は、「何番順位変更更正」であり、登録免許税は、不動産1個について金1000円である（更正登記分　登録免許税法別表1.1(14)）。

　なお、申請人は、当該更正により順位が変動する者のみでよい。

　提供すべき登記識別情報は、申請人が抵当権を取得した際のものである。

設問6

　抵当権の順位変更を合意解除したときは、順位変更の抹消登記をすることができるか？

できない。

　合意解除は、順位を元に戻すという合意だから、再度、その旨の順位変更

の登記を申請すべきである（昭和46.12.24－3630）。

　なお、錯誤を理由とする「何番順位変更抹消」の登記は可能である（昭46.12.24－3630）。

　この場合、登録免許税は、不動産１個について金1000円である（更正登記分登録免許税法別表1.1(15)）。

　なお、申請人は、順位変更をした者全員の合同申請である。

　提供すべき登記識別情報は、申請人が抵当権を取得した際のものである。

◆一問一答◆

問　次のうち申請することができないのはどれか。

　1．登記の目的　何番順位変更変更

　2．登記の目的　何番順位変更更正

　3．登記の目的　何番順位変更抹消

答　1の何番順位変更変更である。

宿題の解答▼

> できる。
> 　元本確定前に変更する合意をしたときは、優先の定めの変更の登記を申請することができる（民法398条の14第１項ただし書）。

《関連事項》順位変更と共有根抵当権者間の優先の定め

　順位変更と共有根抵当権者間の優先の定めは、いずれも合同申請で登記をする。

　が、次の事項は相違する。

　1．順位変更は主登記、優先の定めは付記登記によってする。

　2．順位変更は利害関係人がいる。優先の定めにはいない。

参考先例 ～～～～～～～～～～～～～～～～～～～～～～～～～～～～～～～～～～～～～～

甲の１番抵当権、乙の２番抵当権、丙の３番抵当権について、３番抵当権

を第一順位、2番抵当権を第二順位、1番抵当権を第三順位とする順位変更
は、甲乙丙の三者が合意をすることを要する（昭46.10.4－3230）。

　甲の1番抵当権、乙の2番抵当権、丙の3番抵当権について、3番抵当権
を第一順位、2番抵当権を第二順位、1番抵当権を第三順位とする順位変更
がされた後に、1番抵当権と丁の4番抵当権の順位を変更するときは、甲と
丁が順位変更の合意をすれば足りる（昭46.12.27－960）。

　順位変更の登記の申請人の一部が非課税法人であるときは、すべての抵当
権者に課税がされる（質疑登研385Ｐ83）。

　順位変更の登記の申請人の全部が国または非課税法人であるときは、登録
免許税は課税されない（質疑登研314Ｐ67）。

6 抵当権の抹消

　抵当権の抹消登記を単独申請することができる場合としては、登記義務者
の行方が知れない場合に、公示催告をして除権決定を受ける方法（不動産登
記法70条1項　権利に関する登記の通則）のほか、いくつかの方法がある。
　以下は、いずれも、登記権利者が、抵当権の抹消登記を単独申請すること
ができる場合である。

1．権利消滅の定めの登記がされている場合
　権利が人の死亡または法人の解散によって消滅する旨が登記されている場
合において、当該権利がその死亡または解散によって消滅したときは、登記
権利者は、単独で当該権利に係る権利に関する登記の抹消を申請することが
できる（不動産登記法69条）。
　→権利に関する登記の通則。ただし、所有権が失効した場合は、抹消ではなく移
　　転登記を申請する。

確認事項 権利消滅の定めの登記は付記登記によってする（不動産登記規則3条6号）。

◆一問一答◆

問 権利失効の定めがある場合に、その所有権が登記名義人の死亡により失効したときは登記権利者が単独で所有権移転の登記を申請することができるか？

答 できない。共同申請によるべきである。不動産登記法69条による単独申請は抹消登記だけのハナシであり、同条は移転登記には言及していない。

2．休眠担保権の抹消

登記義務者が行方不明の場合、次の2つの手段のいずれかで、登記権利者が単独で、担保権の抹消登記をすることができる。

① 過去の弁済の事実が推認されるとき（不動産登記法70条4項前段）。
- 債権証書と最後の2年分の利息等の完全な弁済があったことを証する情報
- 登記義務者の行方不明を証する書面
  以上の情報を提供すれば、単独抹消をすることができる。

② 債権全額の弁済をしたとき（不動産登記法70条4項後段）。
- 債権の弁済期から20年間を経過したことを証する情報
- 債権、利息、損害金の全部を供託したことを証する情報
- 登記義務者の行方不明を証する書面
  以上の情報を提供すれば、単独抹消をすることができる。

休眠担保権の抹消は、上記2つの方法があるが、不動産登記法70条4項前段の手段は、不可能を強いるに近く、実務的に使用が困難である。

このため、休眠担保権の抹消といえば、通常、同条後段の手段を指すことが多い。

3．解散した法人の担保権（先取特権、質権、抵当権）の抹消

登記義務者である法人が解散した場合において、比較的簡易な方法（法務省令が定める）による調査をしても、その法人の清算人の所在が判明しない

ときは、登記権利者は、単独で、その担保権（先取特権、質権、抵当権）の抹消登記を申請することができる（不動産登記法70条の2）。

この場合、次の2つの要件の双方のクリアを要する。

① 被担保債権の弁済期から30年を経過したこと
② 法人の解散の日から30年を経過したこと

→供託が要件となっていないことが急所である。

設問1

不動産登記法70条4項後段の規定により、次の権利を抹消することができるか？
1．根抵当権
2．転抵当権
3．抵当権設定仮登記
4．担保仮登記

1から3について

いずれも、抹消することができる。

根抵当権の場合、元本の確定期日が登記されていればその日を、登記されていなければ設定の日から3年が経過したときを弁済期とみなして同条を適用する。

このほか、同条には、先取特権、質権の抹消をすることができることが明記されている。

確認事項　不動産登記法70条4項後段の規定により担保権を抹消するときの登記原因は「年月日弁済」である。

→「年月日供託」ではない。弁済の手段として供託をしたにすぎないからである。

4について

休眠担保権の規定は適用されない。

→担保仮登記には、債権額等の登記がないため、同制度の利用は不可能である。

抵当権者が法人の場合、休眠担保権の規定に適用の余地はあるか？

ある。

法人にも、行方不明の場合は考えられる。

抵当権者が自然人の場合、その者の相続関係の調査をせずに、同人が行方不明と扱うことができるか？

できる。

行方不明を証する情報として、登記義務者が登記記録上の住所に居住していないことを市区町村長が証明した情報、または、登記義務者の登記記録上の住所に宛てた被担保債権の受領を催告する書面が不到達であったことを証する情報を提供すれば足りる（昭63.7.1－3456）。

すでに債権額の一部を弁済している場合、そのことを証する情報を提供すれば、残額を供託して登記権利者が担保権を単独抹消することができるか？

できない（昭63.7.1－3499）。

不動産登記法にそういう規定はないから。

債権額金100万円のうち金70万円を担保する抵当権が登記されている。

1．債務者が金20万円の弁済をしたとき、登記事項は発生するか？
2．当該抵当権が休眠担保権であるとき、登記権利者がこれを単独抹消するためにはいくらの供託をすればよいか？

1 について

登記事項は発生しない。

この場合、弁済額の20万円は、抵当権により担保されていなかった部分の弁済に充当される（昭30.4.8－683）。

2について

元本債権金100万円のほか、利息、損害金のすべてである（昭63.7.1－3499）。

理由は、1の場合と同様に、金70万円等の弁済によっては、抵当権が消滅しないからである。

設問6

A銀行が令和何年4月1日に、B銀行に吸収合併された。

次の場合、いかなる登記を申請するか？

1．債務者が令和何年3月10日に弁済したとき。
2．債務者が令和何年4月10日に弁済したとき。

1について

不動産登記法62条（一般承継人による申請）が適用されるケースである。

登記の目的	何番抵当権抹消
原因	令和何年3月10日弁済
権利者	何某
義務者	株式会社A権利義務承継会社
	株式会社B　代表取締役　何某

2について

合併により抵当権が移転し、債務者が株式会社Bに弁済したという権利変動の過程を忠実に登記しなければならない。

次の要領である。

1／2

登記の目的	何番抵当権移転
原因	令和何年4月1日合併

登記の目的　何番抵当権抹消
原因　　　　令和何年4月10日弁済

設問7

次の場合、Xの1番抵当権を抹消する際に、2番抵当権者Yの承諾を要するだろうか?

1．1番抵当権が2番抵当権に順位の譲渡をしているとき。
2．1番と2番の順位を入れ替える順位変更の登記がされているとき。

1について

Yの承諾を要する(昭37.8.1-2206)。

2について

Yの承諾を要しない(質疑登研301P69)。

設問8

抵当権の目的不動産で、被担保債権の代物弁済をした場合、抵当権の抹消の登記原因日付はいつか?

登記の申請日である。

代物弁済の効果(債務の消滅)は、登記の手続を完了したときに生じるからである(最判昭39.11.26)。

設問9

抵当権者の甲株式会社が解散し、所定の方法による調査を行っても、その清算人の所在が判明しなかった。

被担保債権の弁済期から30年を経過し、かつ、甲株式会社の解散の日から30年を経過したことにより、登記権利者が単独で抵当権の抹消登記を申請することができる場合、登記原因およびその日付はどうなるか?

　登記原因は「不動産登記法第70条の 2 の規定による抹消」であり、登記原因の日付を要しない（令5.3.28－538）。

　この場合の登記原因証明情報は、次のとおりである（不動産登記令別表26添付情報欄ホ）。
① 　被担保債権の弁済期を証する情報
② 　法人の解散の日を証する情報
③ 　不動産登記法70条 2 項による調査を行ってもなお法人の清算人の所在が判明しないことを証する情報

宿　題｜　設問 9 の解散した法人の担保権の抹消登記の登記原因証明情報（①～③）の具体的な中身を特定してみよう。

宿題の解答▼

　次のとおりである（令5.3.28－538）。
① 　金銭消費貸借契約証書、弁済猶予証書、債権の弁済期の記載のある不動産の閉鎖登記簿謄本など
② 　法人の登記事項証明書など
③ 　不動産登記法70条 2 項による調査報告書

参考先例

抵当権者が抵当権の目的である不動産の所有権を取得しても、後順位の抵当権等があるときは、抵当権は混同により消滅しない（質疑登研15 P 32）。
→この場合、後順位の抵当権等が消滅したときに混同の効果が発生する。

混同による抵当権抹消登記を登記権利者兼義務者が単独で申請するときにも、抵当権の取得に係る登記識別情報の提供を要する（平2.4.18－1494）。

　同一不動産に同順位の複数の抵当権が設定されているときは、そのうちの 1 個の抵当権の登記名義人が所有権を取得しても、混同は生じない（質疑登研537 P 200）。

抵当権者が抵当不動産の所有権を取得し混同が生じたときは、その後に後順位抵当権が設定されたときでも、混同による当該抵当権の抹消登記を申請することができる（質疑登研230 P 71）。

保証人の将来の求償債権を担保するために抵当権の設定登記がされているときに、主債務者が債権者に弁済をしたときは、「主債務消滅」を登記原因として抵当権の抹消登記をする（質疑登研126 P 43）。
→主債務が消えて、保証人の求償権が発生する可能性がなくなったのである。

後順位の抵当権者を登記権利者として、登記義務者と共同して抵当権の抹消登記をすることができる（昭31.12.24－2916）。

第4章 根抵当権の登記

根抵当権については、民法の理解が重要である。

このため、本シリーズでは、『民法Ⅰ』の根抵当権の項において、重点的な解説を置いている。

本書では、登記手続に固有の問題を主に、試験範囲となる事項を整理することとする。

1 根抵当権の設定

根抵当権とは、「一定の範囲に属する不特定の債権を極度額の限度において担保する」ための抵当権である（民法398条の2第1項）。

特定債権との結びつきがないことが根抵当権の本質である。

このため、根抵当権には、付従性、随伴性がない。

したがって、元本確定前においては、被担保債権の弁済により根抵当権は消滅しないし、また、債権譲渡、代位弁済により移転することもない。

設問1
　　根抵当権の元本が確定した後に、共同根抵当権の追加設定の契約をした場合、その登記の申請をすることができるか？

できない（平1.9.5−3486）。

この場合は、抵当権を設定すべきである。

特定の債権のみを担保する根抵当権なる概念は存在しない。

設問2
　　根抵当権の債務者を、連帯債務者と登記することができるか？

できない。

根抵当権の債務者は、一定の取引等の相手方を意味する。

特定債権の債務者とは相違して、連帯債務の概念になじまない。

設問3

設定契約に「確定期日　定めなし」とある場合、当該事項は登記すべきか？

登記すべきでない。

確定期日の定めは、任意的登記事項であり、その定めがあるときに、登記をすれば足りる。

なお、根抵当権の絶対的登記事項は、極度額、債権の範囲、債務者の3つである。

→いわゆる、根抵当権の三大要素。

《関連事項》元本の確定期日

元本の確定期日は、これを定めまたは変更した日から5年以内でなければならない（民法398条の6第3項）。

→5年を超える期日の定めは無効である。

設問4

元本の確定前の根抵当権に持分の概念はあるか？

ない。

したがって、共有根抵当権の共有者の持分は、申請情報の内容とならない（不動産登記令3条9号カッコ書）。

《関連事項》持分の記載を要しない場合

次の場合も、登記権利者が複数であっても、持分の記載を要しない。

1．根質権
2．信託の登記
3．処分制限の登記

参考先例 ～～～～～～～～～～～～～～～～～～～～～～～～

　数人の共有する根抵当権の設定登記において、各共有者の債権の範囲、債務者が異なってもよい（昭46.10.4－3230）。

～～～～～～～～～～～～～～～～～～～～～～～～～～～～～～～～

　以下、共有根抵当権で設定者が複数おり設定日付が不動産ごとに異なる場合の申請情報の内容の一例を挙げる。

```
登記の目的　　共同根抵当権設定
原因　　　　　後記の通り
極度額　　金何円
債権の範囲　　根抵当権者Aにつき A取引
　　　　　　　根抵当権者Bにつき B取引
債務者　　　　根抵当権者Aにつき　住所　甲
　　　　　　　根抵当権者Bにつき　住所　乙
根抵当権者　　A
　　　　　　　B
設定者　　　　甲
　　　　　　　乙
（中略）
不動産の表示
X土地　　（所有者甲　原因　年月日設定）
Y土地　　（所有者乙　原因　年月日設定）
```

2 根抵当権の変更登記

設問1

　根抵当権の極度額の変更の仮登記を申請する場合、利害関係を有する第三者の承諾情報の提供を要するか？

要する。

　根抵当権の極度額の変更は、本登記を付記登記でしか実行することができ

ないので、仮登記の段階で付記登記の順位を保全するために、承諾情報の提供を要することとなる。

　なお、一般論としては、変更更正の仮登記をするときに、不動産登記法66条の承諾情報は、必須の添付情報ではなく、利害関係人がいるときにこれを提供しないときは、登記が主登記で実行される。

《関連事項》根抵当権の三大要素の変更登記
　いずれも、必ず、付記で実行される。
　極度額の変更は、利害関係人の承諾が効力発生要件であるためである（民法398条の５）。
　債権の範囲、債務者の変更は、利害関係人の承諾を要しないためである（民法398条の４第２項）。

設問2

　債権の範囲を変更したが、その登記をしないうちに根抵当権の元本が確定するとどうなるか？

　変更をしなかったものとみなされる（民法398条の４第３項）。
　債務者の変更も、同様の取扱いとなる。
　なお、極度額の変更は、元本の確定の前後を問わずにすることができる登記である。

《関連事項》極度額を増額する変更登記の登録免許税
　増加する極度額を課税標準価額として、その４／1000の税率で計算する。
　→なお、共同根抵当権について、甲登記所で根抵当権の極度額の増額変更の登記をした後、乙登記所で同様の登記をするときは、前登記証明書を添付して登録免許税法13条２項の減税を受けることができる（質疑登研391Ｐ111）。

設問3

　ＡおよびＢの共有根抵当権について、Ａの債権の範囲を変更する登記

をする場合、申請人は、Ａと設定者のみでよいか？

　ＡおよびＢの双方が申請人となる（通常のケースでは、登記権利者となる）。
共有物の変更に当たるためである（民法251条 1 項）。

設問 4
　　根抵当権の債務者の住所変更の登記を申請する場合、設定者（所有権
の登記名義人）の印鑑証明書の提供を要するか？

　書面により添付情報を提供する場合には、要する（不動産登記令18条 2 項、
不動産登記規則49条 2 項 4 号、48条 5 号、47条 3 号イ(1)）。

確認事項　設定者（所有権の登記名義人）の印鑑証明書の提供の要否（不動
産登記令18条 2 項、不動産登記規則49条 2 項 4 号、48条 5 号、47条 3 号イ(1)）
1．抵当権、質権、先取特権の債務者の変更　　不要
2．根抵当権、根質権の債務者の変更　　　　　　要

設問 5
　　債務者ＡＢのうちＡに確定事由が生じた場合、その後に当該根抵当権
の債務者の変更の登記を申請することができるか？

　できる（質疑登研515Ｐ254）。
　根抵当権は、その担保する債権についての不特定性が、一部でも残ってい
るときは、確定しない。

設問 6
　　次の登記のうち、設定者が登記権利者となる登記はどれか？
1．債権の範囲の縮減が明らかな債権の範囲の変更登記
2．元本の確定登記
3．元本の確定期日を新設する変更登記
4．元本の確定期日を廃止する変更登記

　１、２、６である。

　根抵当権の場合、被担保債権が発生しにくくなる変更が設定者に有利と考えるのが、基本思想である。

　根抵当権者、設定者のいずれに有利であるか判然としない登記の申請は、根抵当権者を権利者とするが（上記３と４はそういう意味である）、設定者に有利であることがはっきりしている登記の申請は、設定者を登記権利者とする。

設問7

　根抵当権の極度額の変更、債権の範囲の変更、債務者の変更を一の申請情報により申請することができるか？

　いずれの登記も、登記の目的が「何番根抵当権変更」、原因が「変更」となるので、このほか、以下の条件を満たせば一の申請情報により申請することができる。

１．１個の契約によって、変更がされたこと。

　　例えば、極度額の変更と、債権の範囲の変更が各別の契約によってなされた場合には、各別の申請をすべきこととなる（昭11.1.20-64）。

２．登記原因日付に同一性がある。

　　上記３つの契約を同日にしても、極度額の変更についての利害関係人の承諾が後日ということになると極度額の変更の日付がズレるから、一の申請情報によることができないことになる。

《関連事項》登録免許税

　極度額を金3000万円から金5000万円に増額し、その他、債権の範囲と債務者の変更登記を一括申請する場合、登録免許税は次のようになる。

1．極度額の増加分　定率課税　金8万円
2．債権の範囲と債務者の変更　変更登記分　不動産1個について金1000
　円

　たとえば、不動産3個について上記一括申請をすると、登録免許税は金8万3000円である。

　参考までにこの場合の申請情報の内容を記載する。

```
登記の目的    何番共同根抵当権変更
原因         年月日変更
変更後の事項   極度額      金5000万円
            債権の範囲   何取引
            債務者      住所　何某
権利者       A
義務者       B
（中略）
登録免許税    金83000円
不動産の表示   甲不動産　乙不動産　丙不動産
```

設問8

　登記された確定期日前に、確定期日を延期する合意があったときは、確定期日後にその登記を申請することができるか？

　できない。
　元本確定期日の変更について、その変更前の期日より前に登記をしなかったときは、担保すべき元本は、その変更前の期日に確定する（民法398条の6第4項）。
　→登記簿上元本の確定が明らかなケースの1つである。

設問9

　甲乙丙が共有する根抵当権において、甲乙間で甲が乙に先立って弁済を受けるべきことを定めたときは、甲および乙が優先の定めの登記をす

できない。

優先の定めの登記の申請は、共有者全員が、根抵当権取得の際の登記識別情報を提供してすべきである。

設問10
元本確定後に優先の定めをすることができるか？

できない（民法398条の14第1項ただし書）。

なお、同条は、元本確定前の登記までは要求していないため、元本確定前に優先の定めの同意をしたときは、元本確定後にその登記を申請することができると解される。

《関連事項》元本確定後の手続

元本確定後は、根抵当権の処分をすることができる（民法398条の11第1項参照）。

このため、元本確定後は、「1番根抵当権共有者甲の1番根抵当権共有者乙への順位譲渡」の類の登記をすれば、共有者間の優先順位を変更することができる。

参考先例

元本確定前に根抵当権の被担保債権について債務引受がされた場合、その引受債務を根抵当権により担保するためには、その債務を債権の範囲に加える変更登記および引受人を債務者に加える登記の申請をすることを要する（質疑登研372P81）。

債務者の変更登記は、根抵当権者が登記権利者、設定者が登記義務者として申請をするが、変更により債務者が縮減することが明らかなときは、設定者が登記権利者となる（質疑登研405P91）。

登記された根抵当権の確定期日の定めを廃止する登記をした場合、設定の

ときから3年が経過していれば、設定者が根抵当権の元本の確定請求をすることができる（昭52.2.5−774）。

　　優先の定めの変更登記をするときは、申請情報と併せて、申請人全員が根抵当権取得の登記をした際の登記識別情報を提供することを要する（昭46.12.24−3630）。

3 根抵当権の譲渡

　元本確定前の根抵当権を移転する方法には、根抵当権の譲渡、一部譲渡、分割譲渡の3つがある。
　これは、根抵当権をその被担保債権と分離して、根抵当権の優先弁済の枠支配権そのものを移転する仕組みである。

　根抵当権の譲渡をするには、以下の者の承諾等を要する（承諾等が後日の場合、いずれも登記原因日付はその日にズレる）。

1. 設定者の承諾（民法398条の12第1項、398条の13、398条の14第2項）
　　譲渡、一部譲渡、分割譲渡のすべてにおいて必要。
　　（根抵当権の共有者の権利の譲渡を含む）

2. 根抵当権を目的とする権利を有する者の承諾（民法398条の12第3項）
　　分割譲渡において必要。

3. 根抵当権の共有者の同意（民法398条の14第2項）
　　根抵当権の共有者の権利の譲渡において必要。

設問1

　ＡおよびＢが共有する根抵当権（極度額金5000万円）を、ＡＢが共同してＣに一部譲渡をした場合、登録免許税額はいくらか？

この根抵当権は、一部譲渡により、ＡＢＣの共有根抵当権となる。
この場合、登録免許税額は次の計算をする。

$$金5000万円 ÷ 3 × \frac{2}{1000} = 3万3300円$$

→極度額を一部譲渡後の共有者の数で割り、これに税率を掛けるのである。

《関連事項》 共有根抵当権の譲渡

共有者全員で、譲渡、一部譲渡、分割譲渡をすることができる。
共有者の１人がすることができるのは、譲渡（全部譲渡）に限られる。

発展

ＡＢＣが共有する根抵当権（極度額金5000万円）を、ＡＢＣが共同して
ＤＥに一部譲渡した場合、登録免許税額は次のようになる。

$$金5000万円 ÷ 5 × \frac{2}{1000} × 2 = 4万円$$

→極度額を一部譲渡後の共有者の数で割り、これに税率と譲受人の数を掛け
る（質疑登研533Ｐ157）。

設問 2

ＡおよびＢが共有する根抵当権（極度額金5000万円）について、Ａが
Ｃに自己の権利を譲渡した場合、登録免許税額はいくらか？

金5万円である（金5000万円 ÷ 2 × $\frac{2}{1000}$）。

この場合は、極度額を一部譲渡前の共有者の数で割った金額を課税標準価
額とする。

設問 3

ＡＢ共有根抵当権を、ＡおよびＢが単有の２つの根抵当権とする登記
をすることができるか？

　一の申請では、することができない。

　次のいずれかの方法によることになる。

1．Bの権利を放棄してAに取得させ、その後にAがBに分割譲渡をする。
2．AB双方でBに分割譲渡をし、その後に原根抵当権のBの権利を放棄してAに取得させる。

第2部　各論

> **設問4**
>
> 　Aの根抵当権を、3個の根抵当権に分割し、そのうちの2つをBおよびCに譲渡することができるか？

　できない。

　分割譲渡は、1つの根抵当権を2つの根抵当権に割る仕組みである（民法398条の12第2項）。

> **設問5**
>
> 　Aの1番根抵当権をBに分割譲渡した後に、Bの根抵当権の債権の範囲を変更するときの登記の目的はどうなるか？

　登記の目的「1番（い）根抵当権変更」である。

　分割譲渡の登記は主登記で実行する。

　Aの根抵当権とBの根抵当権は同順位となり、Aの原根抵当権は1番（あ）、分割後のBの根抵当権は1番（い）根抵当権となる。

《関連事項》分割譲渡後の極度額の増額変更

　1番（い）根抵当権の極度額を増額するとき、1番（あ）根抵当権者が利害関係人となることに注意のこと。

4 共同根抵当権

（純粋）共同根抵当権（民法392条の適用のある根抵当権）は、担保する債権が各不動産について同一である場合に成立する。

その具体的内容は、根抵当権の三大要素（極度額、債権の範囲、債務者）と根抵当権者が一致することである。

→根抵当権と債務者の間に生じる根抵当権が担保する不特定の債権が完全に一致しなければならない。

共同根抵当権は、その設定と同時に、同一の債権の担保として数個の不動産につき根抵当権が設定された旨の登記（共同担保たる旨の登記）をした場合に限り成立する。

共同担保たる旨の登記は、「設定と同時」にしかすることができないのである。

このため、次のことが帰結される。

1. 累積式の根抵当権を、共同根抵当権とする更正登記をすることができない。
2. 共同根抵当権を、累積式の根抵当権とする更正登記をすることができない。
3. 甲乙不動産に共同根抵当権が設定された場合、甲不動産のみの追加担保として丙不動産に共同根抵当権の追加設定をすることができない（昭46.10.4－3230）。
   →甲乙不動産を目的とする共同根抵当権のつながりを、後に切ることができない。
4. 甲乙不動産に累積式の根抵当権が設定されているとき、甲乙丙不動産を共同担保とする根抵当権の追加設定をすることができない（昭46.10.4－3230）。
   →共同関係にない甲乙不動産を目的とする2つの根抵当権を、後につなげることができない。

《関連事項》累積式共同根抵当権

民法392条の適用のない根抵当権のことである。

この場合の基本的な考え方は、累積式の数個の根抵当権は、それぞれが別個のものであり、お互いに何の関係も生じないということである。

共同根抵当権は、同一の債権の担保を目的とするため、ここに不動産ごとの被担保債権にズレが生じないための仕掛けをいくつも作っている。

以下、その例を挙げていこう。

第2部　各論

設問1

甲不動産に設定された根抵当権の債務者Xの住所がA地である場合、乙不動産に債務者Xの住所地をB地とする根抵当権の追加設定登記をすることができるか？

できない。根抵当権の追加設定に際して、共同担保たる旨の登記をする場合、既存の根抵当権と同一債権を担保するものであることが要件となる。

この事例は、登記所の感覚として、A地のXとB地のXは別人である。

したがって、債務者が相違するので共同担保にできないと判断される。

　→なお、債務者の住所に地番変更を伴わない行政区画の変更があったときは別論であり、この場合、既存の根抵当権の変更を要せず、共同根抵当権の設定登記を申請することができる。

以上の原理は、根抵当権者の住所氏名、極度額、債権の範囲についても同様であり、この点が既存の根抵当権と一致しなければ登記は受理されない。

既存の共同根抵当権が複数あれば、そのすべての根抵当権と、追加設定する根抵当権についての一致が要求される。

たとえば、既存の根抵当権が10個あるとき、そのうち9個までは一致しても、残りの1つと不一致があれば、追加設定の登記は却下される。

設問2

　甲および乙不動産に設定された共同根抵当権において、甲不動産についてだけ債務者がAからBに変更する登記がされている。
　この根抵当権は、誰を債務者とすることとなるか？

　ピタリ一致の審査は、共同担保たる旨の登記をする場合（設定登記の時点）の話である。

　そのため、本事例のように、設定後に、一方の不動産にのみ変更登記がされることはありうる。

　→変更登記のときは、ピタリ一致の審査はしない。

　この場合、民法は、債務者の変更は、すべての不動産について登記をしなければ、その効力を生じないものとしている（民法398条の17第1項）。

　このため、本事例では、共同根抵当権の債務者はAである。

　→この規定により、共同根抵当権の担保する債権に不動産ごとの食い違いが生じない仕組みとなっている。

《関連事項》すべての根抵当権について登記をしなければ効力を生じない事項

　債務者のほか、次の場合である（民法398条の17第1項）。

・担保すべき債権の範囲
・極度額の変更
・根抵当権の譲渡（分割譲渡を含む）、一部譲渡

　→結局、根抵当権者の交代と三大要素の変更についてということになる。

設問3

　甲および乙不動産に設定された共同根抵当権において、甲不動産についてだけ元本の確定事由が発生した。
　当該根抵当権は確定するか？

　すべての不動産について根抵当権の元本が確定する。

　共同担保たる旨の登記がされている根抵当権の担保すべき元本は、1個の不動産についてのみ確定すべき事由が生じた場合においても、確定する（民法398条の17第2項）。

　→すべての根抵当権が一律に確定するから、担保する債権に食い違いが生じない。

参考先例

　甲乙不動産を目的とする共同根抵当権について、甲不動産のみ債務者の変更登記がされているときでも、甲乙不動産について極度額の増額の変更登記をすることができる（質疑登研502 P 157）。

　→設定登記ではなく変更登記なので、ピタリ一致の審査はされない。

---

5 合意の登記

　根抵当権者または債務者について相続が開始した場合、相続開始の時から6か月以内に、指定根抵当権者または指定債務者の合意の登記をしないときは、根抵当権は相続の開始の時に確定したものとみなされる（民法398条の8第4項）。

ポイント 登記が必須

　相続開始の時から6か月以内に合意をしていても、その旨の登記をしていなければ根抵当権は確定する。

　以下の設問において、根抵当権は元本が確定していないものとする。

設問1

　根抵当権の債務者甲が死亡した。
　甲の相続人乙を指定債務者とする登記の手続はどうか？

　相続による債務者の変更登記の後、指定債務者の合意の登記を申請する。
　→申請すべきは、変更登記を2つである。
　→1件目は相続債務の承継、2件目は指定債務者の合意の意味である。

```
1／2    登記の目的    何番根抵当権変更
       原因          年月日相続
       変更後の事項  債務者  住所  乙
2／2    登記の目的    何番根抵当権変更
       原因          年月日合意
       変更後の事項  指定債務者  住所  乙
```

設問 2

　根抵当権者Xが死亡した。
　Xの相続人Yを指定根抵当権者とする登記の手続はどうか？

　相続による根抵当権の移転登記の後、指定根抵当権者の合意の登記を申請する。

　→申請すべきは、移転、変更の2つの登記である。

《関連事項》変更登記の申請人

　指定根抵当権者の合意による変更登記の申請は、根抵当権の相続登記を受けた相続人全員が登記権利者として申請をする。

　共有物の変更に当たるから、指定根抵当権者だけが申請人となることはできない（昭46.10.4－3230）。

　以下は、Xの相続人がYZであり、Yを指定根抵当権者とするときの申請情報の内容である（設定者を甲とする）。

1／2

```
登記の目的   何番根抵当権移転
原因         年月日相続
根抵当権者（被相続人X）  Y、Z
```

2／2

```
登記の目的   何番根抵当権変更
原因         年月日合意
```

226

```
指定根抵当権者　Y

権利者　　　　Y　Z

義務者　　　　甲
```

> ### 設問3
>
> 　根抵当権者Xが死亡した。相続人はYZである。
> 　根抵当権の被担保債権の全部をYが取得するという遺産分割協議がされた場合、いかなる登記を申請すべきか？

　YZの共有名義で相続による根抵当権の移転登記をする。

　根抵当権者に相続が発生した場合には、既存の債権を取得せず、かつ、指定根抵当権者とならない旨が遺産分割協議書、特別受益証明書等に記載された者のみが、相続人とならないものとされる（昭46.12.27－960）。

　本事例では、Zには指定根抵当権者となる可能性があるから、相続登記を受けることになる。

> ### 設問4
>
> 　指定債務者の合意の後に、根抵当権の元本が他の事由で確定した場合、相続開始から6か月以内であれば、合意の登記を申請することができるか？

　できる。

　当該申請の結果、相続開始から元本が確定した日までに、指定債務者が負担した債務を根抵当権が担保することとなる。

> ### 設問5
>
> 　Xの根抵当権の債務者甲が死亡した。
> 　甲の相続人が乙丙であり、指定債務者を乙とする合意の登記がされた後、当該根抵当権の追加設定の登記を申請することとなった。
> 　申請情報の内容として、債務者の表示をいかにすべきか？

次の要領である。

> 債務者　　　（甲（年月日死亡）の相続人）乙　丙
> 指定債務者（年月日合意）乙

　以上の表記により、当該根抵当権の被担保債権が、亡甲の相続債務（これを乙丙が承継）および乙が相続開始後に負った債務であることを表現している。

《関連事項》指定根抵当権者の登記後に追加設定する場合

　申請情報の内容として、次の要領で根抵当権者を表記する。

> 根抵当権者　　　（X（年月日死亡）の相続人）Y　Z
> 指定根抵当権者（年月日合意）Y

設問6

　根抵当権者の死亡後、相続による根抵当権の移転登記はしたが、指定根抵当権者の登記の申請がされていない。
　1．元本確定前にしかできない登記を申請することができるか？
　2．元本確定後にしかできない登記を申請することができるか？

1について

　指定根抵当権者の合意の登記をした後でなければ、元本確定前にしかできない登記を申請することができない。

2について

　相続開始から6か月を経過するまでは、前提として、元本確定登記をしなければ、元本確定後にしかできない登記を申請することができない。

　相続開始から6か月を経過したときは、前提登記を要せずに、元本確定後にしかできない登記を申請することができる。
　→登記記録上、元本の確定が明らかといえるから。

参考先例
指定根抵当権者として指定される者は複数でもよい（質疑登研312 P 46）。

→指定債務者も同様。

　根抵当権の債務者兼設定者である甲が死亡し、その妻乙と、乙の親権に服する子の丙が相続人となった場合、抵当不動産について丙への所有権移転登記があった後に、乙を指定債務者とする合意をすることは利益相反行為に当たる（質疑登研304 P 73）。

6 合併と会社分割

設問 1

　根抵当権者または債務者が合併をしたときに、設定者が元本の確定請求をすることができない場合は何か？

　債務者兼設定者の事例で、債務者が合併した場合である（民法398条の 9 第 3 項ただし書）。

　このほか、次のいずれかの期間が経過すると、合併を契機とする設定者からの確定請求ができなくなる（同条 5 項）。

　1．設定者が合併のあったことを知った日から 2 週間を経過したとき。

　2．合併の日から 1 か月を経過したとき。

　なお、適法な確定請求がされると、根抵当権は合併の時に確定したものとみなされる（同条 4 項）。

《関連事項》会社分割のケース

　合併と同様の事案で、設定者からの確定請求ができない（民法398条の10第 3 項、398条の 9 第 3 項　合併の規定がそのまま準用になっていることを確認しよう）。

設問2

根抵当権者が会社分割をした場合、いかなる登記をすべきか？

会社分割を登記原因として、根抵当権の一部移転登記を申請する（共同申請）。

以下、根抵当権者である株式会社Aが株式会社Bを承継会社として分割したケース。

登記の目的	何番根抵当権一部移転
原因	年月日会社分割
権利者	株式会社B
義務者	株式会社A
＊持分の記載を要しない。	

宿 題 ｜ この場合の登記原因証明情報の内容は何か？

設問3

根抵当権の債務者が会社分割をした場合、いかなる登記をすべきか？

会社分割を登記原因として、根抵当権の債務者の変更登記をする。

A社がB社に分割をしたとすると、債務者をA社から、A社およびB社に変更する。

以下、債務者株式会社Aが株式会社Bを承継会社として分割したケース。根抵当権者をX、設定者をYとする。

登記の目的	何番根抵当権変更
原因	年月日会社分割
変更後の事項	債務者　株式会社A　株式会社B
権利者	X
義務者	Y

宿題の解答▼

会社分割の記載のある承継会社（または新設会社）の登記事項証明書（または会社法人等番号）である。

→法律上当然に承継が生じるため分割契約書（または分割計画書）が不要となる。

参考先例

元本確定前に根抵当権者に会社分割があったときは、分割契約（または分割計画）に異なる定めがあったとしても、いったん、会社分割により吸収分割承継会社（または新設分割設立会社）への根抵当権の一部移転登記をする（平13.3.30－867）。

7 元本確定登記

元本確定登記には、対抗の意味はなく、単に元本確定の事実を公示し、元本確定の後でなければすることができない登記の前提登記としての意味を有する。

登記記録上、根抵当権の元本の確定が明らかなケースでは、元本確定の登記をすることを要しないで、元本確定の後でなければすることができない登記をすることができる。

登記記録上、根抵当権の元本の確定が明らかなケースとして次の例がある。

1．登記された確定期日が到来したとき。

2．根抵当権の債務者または根抵当権者の相続の登記がされたが、合意の登記をすることなく相続開始の日から6か月が経過したとき。

3．根抵当権者が、自らした競売の申立て（または滞納処分）による差押えの登記がされたとき。

4．根抵当権設定者に破産の登記がされているとき。

元本確定登記に特有の登記事項はあるだろうか?

ない。

元本確定登記の登記の目的、原因は、常に、次のようになる。

登記の目的	何番根抵当権元本確定
原因	年月日確定

→確定事由や、確定時の被担保債権の額などの登記事項はない。

設問 2

甲から乙に一部譲渡による根抵当権の一部移転登記がされている場合、乙が抵当不動産について競売の申立てをしたときは、根抵当権は確定するか?

申立てのときに確定する(民法398条の20第 1 項 1 号)。

乙は根抵当権者であるから、同号が適用される。

→この場合、甲の関与なく根抵当権は確定することになる。

《関連事項》転抵当権者が競売の申立てをした場合

根抵当権に転抵当が設定されているとき、転抵当権者が競売の申立てをした場合には、根抵当権は民法398条の20第 1 項 3 号により確定する。

すなわち、確定の時期は、根抵当権者が抵当不動産に対する競売手続の開始があったことを知った時から 2 週間を経過した時である。

→転抵当権者は、根抵当権者ではないため、民法398条の20第 1 項 1 号は適用されない。

設問 3

根抵当権の元本確定登記を単独申請することができる場合はあるか?

次の 3 つのケースがある。

1. 根抵当権者が元本の確定請求をしたとき(民法398条の19第 2 項)。

添付情報

・元本確定の請求を証する情報（配達証明付内容証明郵便がこれに当たる。）

2．第三者が申し立てた競売手続の開始決定等を根抵当権者が知ってから 2 週間が経過したことにより元本が確定したとき（民法398条の20第 1 項 3 号）。

添付情報（以下のいずれか）

・民事執行法49条 2 項の規定による催告を受けたことを証する情報
・国税徴収法55条の規定による通知を受けたことを証する情報

3．債務者または根抵当権設定者が破産手続開始の決定を受けたことにより元本が確定したとき（民法398条の20第 1 項 4 号）。

添付情報

・破産手続開始決定があったことを証する情報

ただし、上記、2 と 3 の場合は、当該根抵当権またはこれを目的とする権利の取得の登記（代位弁済や債権譲渡による根抵当権の移転登記等）と同時に申請する場合に限って、単独申請が可能となる。

1 の元本確定登記は、それのみを単独で申請することもできる。

◆一問一答◆

問　根抵当権の債務者が破産手続開始の決定を受けた。根抵当権が確定する時は次のいずれか？

1．債務者が破産手続開始の決定を受けた時
2．債務者が破産手続開始の決定を受けたことを根抵当権者が知ってから 2 週間が経過した時

答　1 の「債務者が破産手続開始の決定を受けた時」である。

●展開●　民事執行法49条 2 項の規定による催告

強制競売の手続において、裁判所書記官が配当要求の終期を定めたときは、債権の存否ならびにその原因および額を配当要求の終期までに執行裁判所に届け出るべき旨を次の者（一部省略）に催告することになっている。

第 2 部　各論

→同条は、担保権の実行による競売手続にも準用がある。

1．差押えの登記前に登記された仮差押えの債権者
2．差押えの登記前に登記がされた先取特権、質権または抵当権で売却により消滅するものを有する債権者
3．租税その他の公課を所管する官庁または公署

　この通知の到達により、根抵当権者は、第三者による競売手続の開始決定を知ることになる。

　そこで、「知った」ことの証明として、「民事執行法49条2項の規定による催告を受けたことを証する情報」が元本確定登記をする際の添付情報となるのである。

　なお、差押えの登記後の先取特権、質権または抵当権に催告がされない理由は、これらの者は手続上無視され、一切配当を受けることができないからである。

宿　題 ｜　差押えの登記後に登記された仮差押えの債権者には、なぜ、催告がされないのか？

◀民事執行法のポイント▶　催告への応答義務

　上記の催告に応じなかった担保権者等でも配当等から除斥されることはない。

　ただし、応答義務はあるから、故意または過失により、届出をしなかった場合等について損害賠償の問題は生じることがある。

参考先例

　根抵当権者が単独で元本確定の登記を申請するときは、申請情報と併せて登記識別情報の提供を要しない（質疑登研676 P 183）。

　→登記義務者がする単独申請の場合でも、登記識別情報の提供は不要という趣旨（不動産登記法22条参照）。

宿題の解答▼

> 差押えの登記後の仮差押債権者は、配当要求をしなければ配当を受けることができない。
>
> 裁判所書記官は催告などせずとも、配当要求がされるのを待っていればよい。
>
> また、配当要求がなければ、その者を無視すればよいのである。

設問 4
　根抵当権の元本確定前にしかすることができない登記は何か？

次のものがある。

債権の範囲と債務者の変更、確定期日の変更、根抵当権の譲渡、分割譲渡、一部譲渡、譲渡による共有者の権利移転など。

設問 5
　根抵当権の元本確定の前後を問わず、することができる登記は何か？

次のものがある。

極度額の変更、転抵当、根抵当権の被担保債権の差押えと質入れ、順位変更、相続（または合併）による根抵当権の移転や相続（または合併）による債務者の変更登記など。

設問 6
　根抵当権の元本確定後にしかすることができない登記は何か？

次のものがある。

弁済や消滅請求による抹消、債務引受による債務者の変更や更改による変更、債権譲渡や代位弁済による（一部）移転、転抵当を除く根抵当権の処分の登記、減額請求による変更など。

設問 7

　根抵当権の設定者からする確定請求（民法398条の19第 1 項）の方法について考えよう。

1. 設定者が複数の場合、そのうちの 1 人から確定請求をすることができるか？
2. 根抵当権が共有の場合、そのうちの 1 人に確定請求をすれば足りるか？

1 について

　確定請求は、設定者全員からしなければならない（質疑登研443Ｐ94）。

　確定請求は、共有物の保存行為とは考えられていない。

2 について

　確定請求は、根抵当権者全員にしなければならない。

設問 8

　設定者が複数いる場合、根抵当権者からする確定請求（民法398条の19第 2 項）はその全員にすることを要するか？

　要する。

　不動産が共有されている場合、共同根抵当権の場合、いずれも、設定者全員に確定請求をすることが、元本確定の要件と解されている（登記研究698Ｐ257）。

　→共同根抵当権については、民法398条の17第 2 項の例外となる。

参考先例

　甲土地に根抵当権設定仮登記がされている場合、設定者について破産手続開始の登記がされていれば、元本確定の登記をすることなく、債権譲渡による根抵当権移転の仮登記をすることができる（質疑登研623Ｐ161）。

　仮登記された根抵当権の元本確定登記は、付記の本登記である（平14.5.30－1310）。

236

　甲所有のＡ土地と乙所有のＢ土地に共同根抵当権が設定されているとき、甲が破産手続開始決定を受け、その旨の登記がされているときでも、Ｂ土地の根抵当権について元本確定登記をしなければ、ＡＢ両土地について代位弁済による根抵当権移転登記をすることができない（質疑登研578Ｐ132）。

　根抵当権の設定者について破産手続開始決定の登記がされた後、権利放棄により当該登記が抹消されたときは、その根抵当権の元本が確定したものと扱うことはできない（平9.7.31－1302）。

8 元本確定後の登記

　根抵当権の元本確定後の登記手続は、ほとんどの場合、抵当権のそれと同視される。

　しかし、根抵当権は、確定後も極度額の概念が残るため、この点のみ注意を要する。

　たとえば、根抵当権の被担保債権に一部弁済があっても、根抵当権の極度額が減少しないため登記事項は発生しない。

　以下、抵当権とは考え方の相違する問題を取り上げよう。

設問 1

　極度額が金500万円のＸの根抵当権の元本が確定した。
　その被担保債権の総額が金700万円のとき、このうちの金600万円の債権をＹに譲渡したときの登記手続はどうなるか？

　次の登記をする。

登記の目的	何番根抵当権一部移転
原因	年月日債権一部譲渡
譲渡額	金600万円
権利者	Ｙ

```
義務者      X
(中略)
登録免許税  金1万円
```

　以上、抵当権の債権一部譲渡のケースと相違しないが、登録免許税が極度額の2/1000が上限であり、それ以上の額が徴収されることはないことに注意しよう。

→担保権の税額計算の基本思想は、優先弁済の枠を設定したり、移転させたりすることへの課税である。債権を譲渡したことへの課税ではない。

→なお、一部譲渡した債権の額が極度額を下回るときは、もちろん、譲渡額が課税価額となる。

《関連事項》根抵当権移転の登記

　債権の全部を譲渡したときは、根抵当権移転登記をする。この場合、確定債権がいくらであろうと（たとえ金1円でも）、動いた優先弁済の枠は極度額だから、極度額を課税価額としてその2/1000が登録免許税額となる。

設問2

　元本確定後に根抵当権の設定者が減額請求をしたときは、いかなる登記を申請すべきか？

　「年月日減額請求」を登記原因として、根抵当権の極度額の減額変更の登記をすることができる。

　減額請求は形成権であり、根抵当権者への意思表示の到達により効力が生じる。

```
登記の目的      何番根抵当権変更
原因          年月日減額請求
変更後の事項     極度額  金何円
```

設問 3

　根抵当権の債務者兼設定者が、減額請求をすることができるか？

　できると解される。

設問 4

　根抵当権者が複数であるとき、減額請求は全員にすることを要するか？
また、設定者が複数の場合はどうか？

　減額請求は、設定者全員から、根抵当権者全員に対してすることを要する。

設問 5

　設定者の異なる複数の不動産に共同根抵当権が設定されているとき、
減額請求はすべての不動産についてすることを要するか？

　共同担保たる旨の登記がされている根抵当権の極度額の減額については、
減額請求は、そのうちの 1 個の不動産についてすれば足りる（民法398条の
21第 2 項）。

設問 6

　根抵当権の元本が確定した場合、物上保証人は、根抵当権の消滅請求
をすることができるか？

　できる（民法398条の22第 1 項）。
　このほか、第三取得者等も根抵当権の消滅請求をすることができる。

《関連事項》消滅請求がされた場合
　申請情報の内容は次のようになる。

登記の目的	何番根抵当権抹消
原因	年月日消滅請求

消滅請求は形成権であり、その意思表示が根抵当権者に到達したときにその効力を生じる。

設問7
　根抵当権の元本が確定した場合、債務者兼設定者は、根抵当権の消滅請求をすることができるか？

　主たる債務者は消滅請求をすることができない（民法398条の22第3項、380条）。したがって、債務者兼設定者は消滅請求をすることができない。
　このほか、保証人が、消滅請求をすることができないことにも注意を要する。
　→主たる債務者、保証人は、いずれも根抵当権が担保する債権について全額の支払義務を有するためである。

設問8
　設定者の異なる複数の不動産に共同根抵当権が設定されているとき、消滅請求はすべての不動産についてすることを要するか？

　1個の不動産について消滅請求をすれば足りる。
　これにより、根抵当権は消滅する（民法398条の22第2項）。

第5章 ‖ 質権、先取特権

質権、先取特権において、絶対的登記事項は、債権額と債務者である。
→ただし、不動産工事の先取特権においては、債権額に代わり「工事費用の予算額」を登記する。
→登記事項に関する参照条文は不動産登記法83条、85条、95条。

設問 1
不動産質権者は、質権の目的である不動産の使用および収益をするか？

原則として、使用および収益をする（民法356条）。

しかし、使用および収益をしない旨の特約をすることができ、この特約が任意的登記事項となる（民法359条、不動産登記法95条1項6号）。

●展開● 使用収益しない旨の特約のない不動産質権

使用収益しない旨の特約のない不動産質権（つまり、普通の質権）の質権者は、不動産を使用収益する。

このため、担保権のほか、使用収益権としての要素をもつこととなり、独自の配慮を要する場合がある。

❖事案 1❖ （強制）競売の手続

競売により、留置権を除く担保権は、必ず、消滅する。

その理由は、担保権は、カネの問題でしかなく、カネの問題は競売により最終的に決着されるからである。

これに対し、差押え、仮差押え、担保権のすべてに優先する（最優先順位の）用益権（使用収益しない旨の特約のない不動産質権を含む）は競売により消滅しない。

→上記、カッコ書が重要。

❖事案 2 ❖　仮処分による失効

　地上権設定保全仮登記に後れる使用収益しない旨の特約のない不動産質権は、仮処分債権者が地上権設定本登記をするときに、仮処分による失効を理由として抹消することができない。

　→地上権者に使用収益権を対抗できない不動産質権として存続する。

❖事案 3 ❖　区分地上権の設定

　区分地上権を設定する場合、使用収益しない旨の特約のない不動産質権者の承諾を要する（民法269条の 2 第 2 項）。

　→なお、当該特約のある不動産質権者の承諾は不要である。

設問 2

**　次の権利に質権を設定し、その登記をすることができるか？**
1．抵当権（確定前根抵当権を含む）の被担保債権
2．買戻権
3．不動産賃借権（転借権を含む）

　いずれも可能である。

　質権は、譲り渡すことができるものを目的として設定することができる（民法343条）。 1 から 3 は、いずれも、これに該当する。

《関連事項》不動産質権の二重設定

　質権の登記のある不動産について、さらに質権設定の登記をすることができる（質疑登研123 P 39）。

　→質権の設定の要件たる「質物の引渡し」は、指図による占有移転によることも可能だから、二重設定をすることができる。

設問 3

**　不動産保存の先取特権保存の登記は、いつ申請すべきか？**

　保存行為が完了した後、直ちに登記をしなければならない（民法337条）。

設問 4

　不動産工事の先取特権保存の登記は、いつ申請すべきか？

　工事を始める前に、その費用の予算額を登記しなければならない（民法338条1項前段）。

設問 5

　建物の新築工事に係る不動産工事先取特権保存の登記を申請する。
　1．申請情報と併せて提供すべき情報は何か？
　2．新築工事が完了した後に申請する所有権保存登記の順位番号はどうなるか？

　建物新築の場合も、工事を始める前に、その費用の予算額を登記しなければならない。

　このため、登記官が、当該建物の完成予想図をもとに表題登記をすることになる。

1について
　登記原因証明情報、代理権限証明情報のほか、次の情報を提供する。

・新築する建物の設計書（図面を含む。）

　上記は、登記官が、表題登記をするための資料である。

◀ポイント▶　登記識別情報、印鑑証明書が不要
　建物の新築工事に係る不動産工事先取特権保存の登記をするときは、所有権保存登記はまだされていない。
　この場合、当該建物の所有者が登記義務者とみなされる（不動産登記法86条1項前段）。
　しかし、登記義務者には、まだ所有権に係る登記識別情報が通知されていないから、その提供は不要である（同項後段）。

また、印鑑証明書の提供も要しない。

2について

　建物の新築工事に係る不動産工事先取特権保存の登記が申請されると、登記官は、職権で甲区1番に「登記義務者表示」の登記をする。

　これは、所有権保存登記ではない。

　このため、建物の建築が完了したときは、当該建物の所有者は、遅滞なく、所有権の保存の登記を申請しなければならない（不動産登記法87条1項）。

　この所有権保存登記は、甲区2番で登記される。

　→なお、判決により、甲区1番に登記された登記義務者以外の者が所有権保存登記を受けることができる。

設問6

　次の登記を申請する場合、申請情報と併せて、設計書（図面を含む）の提供を要するか？
1. 建物の増築に係る不動産工事の先取特権保存の登記をするとき。
2. 附属建物の新築に係る不動産工事の先取特権保存の登記をするとき。
3. 宅地造成に係る不動産工事の先取特権保存の登記をするとき。

　以上、3つのケースは、いずれも、登記義務者は所有権の登記名義人であるから、登記識別情報と印鑑証明書（書面により添付情報を提供する場合）の提供を要することになる。

　設計書（図面を含む）の提供の要否は、以下のとおりである。

1、2について

　増築する建物（または、新築する附属建物）の設計書（図面を含む）の提供を要する。

　→工事前に、登記官が、表示の登記をするための資料である。（工事する部分を特定）

3 について

設計書（図面を含む）の提供は要しない（昭56.1.26-656）。

造成工事をしても、地型に変化が生じないから、登記官が、表示の登記をする必要がない。

設問 7

不動産売買の先取特権保存の登記は、いつ申請すべきか？

売買契約と同時にする（民法340条）。

参考先例

不動産売買の先取特権保存の登記は、売買による所有権移転の登記と同時に申請しなければならない（昭29.9.21-1931）。

設問 8

不動産売買先取特権保存の登記を申請する場合、申請情報と併せて提供すべき情報は何か？

登記原因証明情報と代理権限証明情報のみである。

不動産売買の先取特権保存の登記は、売買による所有権移転の登記と同時申請であるから、申請時には、登記義務者はまだ所有権の登記名義人になっていない。

このため、登記識別情報と印鑑証明書（書面により添付情報を提供する場合）の提供を要しない。

→買戻特約の登記の場合と同じ原理である。

以下は、AがBに不動産を売ったが、Bが代金未払いのケース。以下2件の申請が「同時申請」である。

登記の目的	所有権移転
原因	年月日売買
権利者	B
義務者	A
（以下略）	

登記の目的	不動産売買先取特権保存
原因	年月日売買の先取特権発生
債権額	金　何円
利息	年　何％
債務者（義務者）	B
先取特権者	A
添付情報	登記原因証明情報
	代理権限証明情報
登録免許税	債権額の4／1000

設問9

先取特権保存の登記において、利息が登記事項とされることはあるか？

ある。

不動産売買の先取特権保存の登記において、利息を登記することができる。

→民法340条を根拠に登記する。

参考先例 ～～～～～～～～～～～～～～～～～～～～～～～～～～～～～～

表題登記のない不動産について売買契約がされたときは、買主名義の所有権保存登記と同時に、不動産売買の先取特権保存の登記を申請することができる（昭33.3.14－565）。

～～～～～～～～～～～～～～～～～～～～～～～～～～～～～～～～～～～～～

第6章 ‖ 用 益 権

以下、用益権の登記事項を整理しよう。

	目的	範囲	地代等	支払時期	存続期間
地上権	○	＊1	△	△	△
賃借権	＊2	×	○	△	△
地役権	○	○	×	×	×
永小作権	×	×	○	△	△
採石権	×	×	△	△	○
配偶者居住権	×	×	×	×	○

○は絶対的登記事項、△は任意的登記事項、×は登記事項ではない。

＊1　区分地上権で登記事項となる。

＊2　借地権について登記事項となる。

《ポイント》　地役権の登記事項が特殊である。

地代・賃料等・支払時期・存続期間は、地役権以外では、すべて登記事項になっている。

《ポイント》　採石権と配偶者居住権は、存続期間が絶対的登記事項となる。

このほかの任意的登記事項については、不動産登記法78条から82条を参照のこと。

参考判例 ～～～～～～～～～～～～～～～～～～～～～～～～～～～～

地上権の設定契約において「地上権の存続期間中は、地代の増額をしない」と定めたときは、これを地代に関する定めとして登記をすることができる（大判明40.3.12）。

参考先例 ～～～～～～～～～～～～～～～～～～～～～～～～～～～～

地上権の設定の目的として、「スキー場所有」「ゴルフ場所有」と登記をす

ることができる（昭58.8.17－4814、昭47.9.19－447）。

→いずれも、「工作物」（民法265条）に当たるという判断である。

設問1

次の権利について、譲渡、転貸、賃貸に関しての特約は、どのように
登記されるか？
1．地上権
2．永小作権
3．賃借権

1について

登記をすることができない。

2について

「特約　譲渡、賃貸することができない」という要領で登記をする。

3について

「特約　譲渡、転貸することができる」という要領で登記をする。

設問2

借地借家法に係る登記事項を整理しよう。

以下のようになる。

1．普通の借地権
「目的　建物所有」
2．定期借地権
「目的　建物所有」
「特約　借地借家法第22条1項の特約」
3．事業用定期借地権（借地借家法23条1項）
「目的　借地借家法第23条1項の建物所有」

　　「特約　借地借家法第23条 1 項の特約」

4．事業用定期借地権（借地借家法23条 2 項）

　　「目的　借地借家法第23条 2 項の建物所有」

　　→特約の登記はしない。

5．定期建物賃貸借

　　「特約　契約の更新がない」

6．取壊し予定の建物賃貸借

　　「特約　建物を取り壊すこととなるときに賃貸借終了」

7．終身建物賃貸借

　　「特約　賃借人の死亡時に賃貸借終了」

第 2 部　各論

設問 3

　上記の、借地借家法に係る権利の設定登記を申請するときに、不動産登記令において登記原因を証明するために特別の情報を要するとされているものと、その内容を挙げよう。

　次のとおりである。

1．定期借地権

　　特約をした公正証書等の書面

2．事業用定期借地権（借地借家法23条 1 項および 2 項）

　　設定契約をした公正証書の謄本

3．定期建物賃貸借

　　設定契約をした公正証書の謄本等の書面

4．取壊し予定の建物賃貸借

　　建物を取り壊すべき事由を記載した書面

◆ポイント◆　次の 2 点が急所である。

1．添付情報が公正証書の謄本に限定されるのは、事業用定期借地権（借地借家法23条 1 項および 2 項）のみである。

2．取壊し予定の建物賃貸借において、提供すべきは、建物を取り壊すべき「事由」を記載した書面である。

→取壊しの「時期」を記載した書面ではない。

なお、事業用定期借地権の「移転登記」をする場合に、登記原因証明情報を公正証書の謄本に限るとする規定はない。

◆一問一答◆

問 事業用借地権の譲渡契約は公正証書によってしなければならないか？

答 公正証書によることを要しない。公正証書によることを要するのは事業用借地権の「設定」契約である。

設問 4

地上権の変更登記をするときの利害関係人はどうなるか？

次のように区分けして考えればよい。

1. 地上権者が登記権利者となる変更登記をする場合

   例　地代の減額、存続期間の延長など。

   地上権が強化されるから、これに後れる担保権者、（仮）差押債権者、仮処分債権者、所有権の仮登記名義人などが利害関係人となる。

2. 地上権者が登記義務者となる変更登記をする場合

   例　地代の増額、存続期間の短縮など。

   地上権が弱化するから、地上権を目的として担保権の設定を受けた者、地上権を差し押えた者、地上権を目的とする仮登記をした者などが利害関係人となる。

なお、上記の承諾は、不動産登記法66条による承諾であり、利害関係人がいるときに承諾を得ることができなければ、地上権の変更登記は主登記で実行されることになる。

設問 5

地上権の存続期間を「永久」と登記することができるか。

できる（大判明36.11.16）。

民法上、地上権の存続期間に制限はない。

なお、永小作権の存続期間は民法278条1項、賃借権は民法604条1項、借地権は借地借家法3条を、採石権は採石法5条2項参照のこと。

参考先例 ◆◆◆◆◆◆◆◆◆◆◆◆◆◆◆◆◆◆◆◆◆◆◆◆◆◆◆◆◆◆◆◆◆◆◆◆◆

　賃借権の存続期間として、「甲が死亡するまで」と登記をすることができる（昭38.11.22－3116）。

　→民法上、賃借権の存続期間は50年を超えることができないが、甲の長生きの可能性があっても、かかる登記は受理されるものとされている。

◆◆◆

第2部　各論

設問6

　普通地上権を区分地上権に変更する登記を申請することができるか？また、区分地上権を普通地上権に変更することはどうか？

　いずれもできる（昭41.11.14－1907）。

　普通地上権を区分地上権に変更するときは、「範囲」を追加する登記を、区分地上権を普通地上権に変更するときは、「範囲」を廃止する登記をすればよい。

　→普通地上権を区分地上権に変更するときは地上権者が、区分地上権を普通地上権に変更するときは地上権設定者が、それぞれ登記義務者となる。

《関連事項》区分地上権の設定

　竹木所有を目的として区分地上権を設定することはできない。

　その他、区分地上権の設定の要件は、民法269条の2を参照のこと。

　なお、区分地上権を設定する場合、登記の目的は、単に「地上権設定」でよい。

設問7

　区分地上権の設定契約において、土地の使用を全面的に禁止する特約

できない。

土地の使用を全面的に禁止するのであれば、普通地上権を設定すべきである。

なお、「土地所有者は、地上に5トン以上の工作物を設置しない」というような部分的な制限は、区分地上権の任意的登記事項となる。

登記簿には以下のように記録される。

> 特約　土地所有者は、地上に5トン以上の工作物を設置しない。

設問8

転借権を設定する登記の登録免許税額はいくらか？
また、当該設定登記において、敷金の登記をすることができるか？

登録免許税額は、不動産価額の10／1000である（用益権の設定、移転登記と同じ）。

また、敷金の登記をすることができる。

→転貸借の登記の登記事項は、賃貸借の登記のそれと相違しない。したがって、転借権について「譲渡、転貸できる」という登記をすることもできる。

設問9

同一の不動産に賃借権を二重に設定することができるか？

できる。

賃借権は債権だから、元来、排他性がない。

なお、同一の不動産に地役権を二重に設定することもできる。

→普通地上権の二重設定が認められないこととの比較を要する。

参考先例

すでに存続期間が満了していることが登記記録上明らかな地上権の設定登記がされているときも、その土地に重ねて地上権を設定することはできない（昭37.5.4－1262）。

→登記の形式的確定力。

存続期間が満了していることが登記記録上明らかな地上権について、存続期間経過後の日を登記原因日付として、移転登記をすることができない（昭35.5.18－1132）。

設問10

　1番抵当権、2番抵当権、3番賃借権が設定されている。
　3番賃借権を2番抵当権に優先させる同意の登記を申請することができるか？

できない。

賃借権を抵当権に優先させるためには、先順位の抵当権者のすべてと同意をすることを要する。

《関連事項》賃借権を抵当権に優先させる同意の登記

登記の形式は、主登記となる。

登記権利者は賃借権者、登記義務者は先順位抵当権者の全員である（共同申請）。

登録免許税額は、賃借権および抵当権の件数1件につき金1000円である。

→3番賃借権を1番抵当権、2番抵当権に優先させる同意の登記をするときは、不動産1個について金3000円となる。

登記の目的	3番賃借権の1番抵当権、2番抵当権に優先する同意
原因	年月日同意

登記が効力発生の要件

賃借権を抵当権に優先させる同意は、その登記をしなければ効力を生じない。

→合意だけでは、当事者間においても、効力が生じない。

この他、抵当権の順位変更の登記、根抵当権の共同担保たる旨の登記が、効力発生要件となる登記の代表例である。

設問11

地役権の設定登記を申請する。
1. 要役地の所有権保存登記をしていない場合、前提として要役地の所有権保存登記をすることを要するか？
2. 要役地の地上権者が登記権利者として、地役権の設定登記を申請することができるか？
3. 地役権者が複数いる場合、その持分は申請情報の内容とすべきか？
4. 要役地（甲土地）と承役地（乙土地）の管轄が異なる場合、特別の添付情報を要するか？
5. 要役地が1筆、承役地が2筆である場合、登録免許税額はいくらか？
6. 地役権の範囲が「全部」である場合、地役権図面の提供を要するか？

1について

要役地の所有権保存登記を要する（不動産登記法80条3項）。

地役権の設定登記は、要役地所有者が登記権利者となるから、前提として、その者の権利が登記されていることを要する。

2について

地上権者は、地上権の存在期間の範囲内で地役権者となることができる。したがって設問の登記を申請することができる（昭36.9.15－2324）。

→賃借権者も同様である（昭39.7.31－2700）。

3について

申請情報に、持分の記載は要しない。

地役権の設定登記において、地役権者は登記事項ではないため。

→その代わりに、「要役地の表示」が絶対的登記事項となる。地役権の絶対的登記事項は、この他、「目的」と「範囲」である。

4 について

要役地の登記事項証明書の提供を要する。

登記権利者が、要役地所有者であることを、乙登記所の登記官が確認をするための資料である。

なお、要役地の登記事項証明書は、この後、地役権の変更（更正）、抹消登記などを申請するときにも、提供を要することになる。

→地役権者は登記されないため、乙登記所では、登記をする都度、申請人が要役地所有者であることを、いちいち確認することを要する。

5 について

金3000円である。

地役権の設定登記の登録免許税額は、承役地の個数1個につき金1500円である（登録免許税法別表1.1(4)）。

なお、地役権の変更、更正、抹消登記は、それぞれ不動産（承役地）の個数1個につき金1000円である。

→他の権利の変更、更正、抹消と相違しない（登録免許税法別表1.1(14)(15)）。

6 について

不要である。

なお、範囲が承役地の一部であるときは、その範囲を明らかにするため、地役権図面の提供を要することになる（不動産登記令別表35ロ）。

《関連事項》地役権の変更登記と地役権図面

地役権の範囲を全部から一部に変更する登記を申請するときにも、地役権図面の提供を要する。

一部から全部に変更する登記を申請するときは、地役権図面の提供を要しない。

《関連事項》区分地上権の範囲

区分地上権の範囲について図面の提供を要するケースはない。

→区分地上権の範囲は、水平的な区切りだから図面がなくても範囲を特定できる。

確認事項 土地の一部への設定

要役地の一部に、地役権を設定する登記を申請することはできない。

承役地の一部に、地役権図面を提供して、地役権を設定する登記を申請することはできる。

設問12

次の登記を申請する場合、登記義務者の登記識別情報として、何を提供するか？
1. 地役権移転登記
2. 地役権抹消登記

1について

そもそも、地役権移転登記はすることができない。

→地役権は、要役地の所有権の移転に伴い移転をする。要役地所有権と離れて地役権だけが移転することは考えられない。

2について

要役地所有者が所有権を取得したときの登記識別情報を提供する。

地役権設定登記においては、申請人が登記名義人とならないから、登記識別情報は通知されない。

このため、要役地所有権の登記識別情報を提供することになる。

設問13

設定契約において、地役権の存続期間を定めた場合、これを登記することができるか？

できない。

地役権の存続期間は登記事項ではない。

なお、地役権の任意的登記事項（不動産登記法80条1項3号）について、以下に登記事例を紹介する。

1．民法281条1項ただし書の定め
　　「特約　地役権は要役地と共に移転せず、要役地の上の他の権利の目的とならない」
2．民法285条1項ただし書の別段の定め
　　「特約　用水は承役地のためにまず使用し承役地の所有者は用水使用のための溝を修繕する義務を負う」
3．民法286条の定め
　　「特約　承役地の所有者は地役権行使のための工作物の設置またはその修繕の義務を負う」

《関連事項》民法287条による放棄

　承役地の所有者は、いつでも、地役権に必要な土地の部分の所有権を放棄して地役権者に移転し、これにより民法286条の義務を免れることができる（民法287条）。

　この場合、「民法287条による放棄」を登記原因として、承役地の所有権を要役地所有者に移転する登記を申請する。

設問14
　「地役権は、要役地とともに移転しない」という特約が登記された場合、譲渡による要役地の所有権の移転登記をしたときは、地役権の登記は職権により抹消されるだろうか？

　職権抹消の規定はない。

　したがって、承役地所有者を登記権利者、地役権設定当時の要役地の所有権登記名義人を登記義務者として抹消登記を申請すべきことになる。

設問15
　配偶者居住権の登記における特有の登記事項は何か？

絶対的登記事項が、存続期間。

任意的登記事項が、第三者に居住建物の使用又は収益をさせることを許す旨である。

→配偶者居住権の設定登記の登録免許税は、不動産価額の1000分の2である。

●展開● 配偶者居住権の抹消登記

配偶者居住権者の死亡により配偶者居住権が消滅したときは、登記権利者（居住建物の所有者）は、単独で、配偶者居住権の抹消登記を申請することができる（不動産登記法69条、令2.3.30-324）。

◆一問一答◆

問 特定財産承継遺言（相続させる旨の遺言）によって、配偶者居住権を取得することはできるか？

答 できない（令2.3.30-324）。

→配偶者が、配偶者居住権の取得を望まないときは、相続放棄をする以外に方法がなく、配偶者にとって不利益となるからである。

問 次のうち、申請することができない登記はあるか？
 1．配偶者居住権設定仮登記
 2．始期付配偶者居住権設定仮登記（死因贈与による取得の場合）
 3．配偶者居住権の移転登記

答 ある。3の配偶者居住権の移転登記である。

配偶者居住権は、譲渡することができない（民法1032条2項）。

→登記できる権利のうち、移転登記を申請することができないのは、この配偶者居住権と地役権のみである。

参考先例

地上権の設定登記において、取扱店の表示を登記することはできない（昭36.9.14-2277）。

　階層的区分建物の特定の階層の区分所有を目的とする区分地上権を設定することはできない（昭48.12.24－9230）。

　共有持分を目的として賃借権の設定登記を申請することはできない（昭48.10.13－7684）。
　→一般論として、共有持分を目的として用益権を設定することはできない。

　借地借家法施行後の借地権の登記について、登記義務者が同時に登記権利者になるときでも他に登記権利者があるときは、その申請をすることができる（平4.7.7－3930）。

　共有持分を要役地として地役権の設定登記を申請することができない（質疑登研309 P 77）。
　→地役権の不可分性から、当然のことである。

　地役権の設定の目的として、「日照の確保のため高さ何メートル以上の家屋工作物を設置しない」と登記をすることができる（昭54.5.9－2863）。
　→目的の記載の仕方に、うるさいルールはない。

　配偶者が遺贈によって配偶者居住権を取得した場合、遺言執行者があるときは、その者が登記義務者の立場から配偶者居住権の設定の登記を申請することができる（令2.3.30－324）。

　遺言者が、配偶者に「配偶者居住権を相続させる」旨の遺言をした場合であっても、遺言書の全体の記載からこれを遺贈の趣旨と解することに特段の疑義が生じない限り、この遺言書を登記原因証明情報として提供して、「遺贈」による配偶者居住権の設定登記を申請することができる（令2.3.30－324）。

第7章 ┃┃ 所有者不明土地関連の登記

　本章では、共有不動産に関する登記を含め、所有者不明土地（建物）等に関する登記手続を解説する。

　民法上の問題点は、本シリーズ『民法Ⅰ』を参照しよう。

　なお、以下において、「所有者（共有者）を知ることができず、またはその所在を知ることができないとき」を、本書では、まとめて「行方不明」と命名することとする。

1 共有土地の変更および管理

設問1

　ＡＢＣが各３分の１の割合で共有する宅地を目的として、ＡおよびＢの決定により、Ｘのために期間を５年とする賃借権を設定した。
　この場合、賃借権設定登記を申請するときは、ＡＢＣの全員が登記義務者となることを要するか？

　要しない。

　本事案の賃借権の設定は、共有物の管理に関する事項として、共有者の持分価格の過半数により決することができる（民法252条４項２号）。

　そして、これに基づく登記の申請も、持分価格の過半数を有する者（本事案ではＡＢ）が登記義務者となれば足りる（令5.3.28-533）。

　この場合の申請情報は、次のとおりである（登記事項など一部省略）。

```
登記の目的    賃借権設定
原因        年月日設定
賃料        1月何万円
権利者       X
義務者（申請人）A
       （申請人）B
```

```
                    C
```

申請情報には、申請人とならなかったCを含めて、共有者の全員の記載を要する。

→過半数の決定により短期の賃借権等を設定したことを証する情報が、登記原因証明情報となる。

この登記が完了した後、登記官は、申請人とならなかった共有者の全員（本事案ではC）に、登記が完了した旨を通知する。

◆一問一答◆

問　設問1の事案において、期間を10年とする賃借権を設定したときは、ABCの全員が登記義務者となることを要するか？

答　要する。

長期の賃借権等の設定は共有物の顕著変更に当たり、共有者の全員が当事者となるためである（民法251条1項）。

設問2

ABCDが甲土地（宅地）を共有しているが、Dが行方不明である。次のそれぞれの場合の登記手続はどうなるか？
1．Aが必要な裁判を得て、Xのために期間を10年とする賃借権を設定したとき。
2．Aが必要な裁判を得て、Xのために期間を5年とする賃借権を設定したとき。

1について

期間を10年とする賃借権の設定は、顕著変更に当たる。

この場合、Aは、裁判所に対し、行方不明者D以外の他の共有者（BC）の同意を得て共有物に変更を加えることができる旨の裁判を請求することができる（民法251条2項）。

この裁判が確定したときは、Ｘを登記権利者、Ｄ以外の共有者全員（ＡＢＣ）を登記義務者として、賃借権設定登記を申請することができる。

→申請情報には、登記義務者としてＡＢＣＤ全員の記載を要する。

登記原因証明情報は、裁判書謄本（確定証明書付）およびＡがＢＣの同意を得て長期の賃借権を設定したことを証する情報である。

2について

期間を5年とする賃借権の設定は、共有物の管理に関する事項に当たる（民法252条4項2号）。

この場合、Ａは、裁判所に対し、Ｄ以外の共有者の持分価格の過半数により共有物の管理に関する事項を決することができる旨の裁判を請求することができる（同条2項1号）。

この裁判が確定し、たとえば、ＡがＢの同意を得てＸのための賃借権を設定したときは、ＡおよびＢが登記義務者となれば足りる。

→申請情報には、登記義務者としてＡＢＣＤ全員の記載を要する。

登記原因証明情報として、裁判書謄本（確定証明書付）およびＤ以外の共有者の持分価格の過半数により賃借権を設定したことを証する情報の提供を要する。

◆一問一答◆

問 1および2の登記が完了した場合、申請人とならなかった者に対する通知はどうなるか？

答 1の場合、登記官は、登記完了後の通知を要しない。

行方不明者Ｄへの通知は不可能だからである。

2の場合、登記官は、申請人とならなかった共有者の全員（Ｃ）に対して登記が完了した旨を通知する。ただし、行方不明者Ｄへの通知は要しない。

設問3

甲土地（宅地）をＡＢＣが各3分の1の割合で共有し、ＡおよびＢが

> 共有物の管理者としてＸを選任した。
>
> 　Ｘが、Ｙのために甲土地に期間を5年とする賃借権を設定したことによる賃借権設定登記を申請する場合、Ｘの代理権限証明情報として何を提供すべきか？

　過半数による決定により共有物の管理者を選任したことを証する情報を提供する（令5.3.28-533）。

　共有物の管理者の選任および解任は、共有物の管理に関する事項として、各共有者の持分価格に従い、その過半数で決するためである（民法252条1項カッコ書）。

　そして、いったん選任されれば、Ｘは、その権限内で共有物の短期の賃借権等を設定することができるのである。

　この選任を証する情報には、Ｘを選任したＡとＢが押印し、その印鑑証明書の添付を要する。

　なお、これとは別に、登記申請についての委任状は要しない。

◆一問一答◆

問　共有物の管理者の選任を証する情報に添付する印鑑証明書は、作成後3か月以内のものであることを要するか？

答　要する（令5.3.28-533）。

宿　題｜　仮に、設問3でＸが設定した賃借権の期間が10年であったときは、Ｘの代理権限証明情報の中身はどうなるか？

《関連事項》**申請情報の記載**

　設問3の賃借権設定登記の申請情報は、ちょうど設問1のそれと同じカタチとなり、Ｘが、自らを選任したＡＢの代理人となって申請する。

　登記が完了したときは、登記官は、申請人とならなかった共有者の全員（Ｃ）に登記が完了した旨を通知する。

　次の2点を添付すべきこととなる。

1．過半数の決定により共有物の管理者を選任したことを証する情報

2．各共有者が、共有物に長期の賃借権等を設定したことに同意したことを証する情報

　→2は、民法252条の2第1項ただし書を根拠とする。

　→1と2の双方の書面には、それぞれ作成者の押印および作成後3か月以内の印鑑証明書の添付を要する。

設問4

　ＡＢＣＤが甲土地（宅地）を共有しているが、Ｄが行方不明である。また、共有物の管理者としてＸが選任されている。

　Ｘが必要な裁判を得て、甲土地にＹのために期間を10年とする賃借権を設定した。

1．ＸがＹと共同して賃借権設定登記を申請する場合、登記原因証明情報として、何を提供すべきか？

2．Ｘの代理権限証明情報はどうか？

　本事案において、Ｘは、裁判所に対し、Ｄ以外の共有者の同意を得て、共有物に変更を加えることができる旨の裁判を請求することができる（民法252条の2第2項）。

1について

　登記原因証明情報は、次のとおりである（令5.3.28－533）。

①　裁判書の謄本（確定証明書付）

②　ＸがＡＢＣの同意を得て賃借権を設定したことを証する情報

2について

　代理権限証明情報は、次のとおりである。

①　過半数の決定により共有物の管理者を選任したことを証する情報

　→裁判書の謄本が、これを兼ねることとなる。

②　D以外の各共有者（ＡＢＣ）が、共有物に長期の賃借権等を設定した
　　ことに同意したことを証する情報
　→作成者の押印および作成後 3 か月以内の印鑑証明書の添付を要する。

2 所在等不明共有者の持分の処分

設問 5
　甲土地をＡＢＣが各 3 分の 1 の割合で共有しているが、Ｃが行方不明
である。Ｃ持分をＡに取得させる旨の裁判が確定したことによるＣ持分
の移転登記を申請するときの登記原因およびその日付はどうなるか？

　登記原因は「年月日民法第262条の 2 の裁判」であり、その日付は、裁判
が確定した日である（令5.3.28－533）。
　この登記は、ＡがＣの代理人として申請することとなる。
　→形式は共同申請のカタチとなるが、事実上は単独申請といえる。
　また、急所は、Ｃの登記識別情報の提供を要しないことである。

設問 6
　甲土地をＡＢＣが各 3 分の 1 の割合で共有しているが、Ｃが行方不明
である。Ａの請求によるＣ持分の譲渡に係る権限付与の裁判が確定した
ため、ＡおよびＢは、同日、甲土地の所有権の全部をＸに売却した。
　Ｘへの持分全部移転登記を申請するに際し、何か制限はあるか？

　ある。
　Ｘへの持分全部移転登記の登記原因の日付が、Ｃ持分の譲渡に係る権限付
与の裁判の確定後 2 か月以内の日であることを要する。
　本件裁判の効力が生じた後 2 か月以内に、その権限に基づくＣ持分の譲渡
の効力が生じないときは、その裁判の効力が失われてしまうためである。
　→これは、登記原因の日付が裁判確定の日から 2 か月以内という意味であり、 2
　　か月以内に登記を申請せよというのではないことに注意を要する。

問　設問6の登記を申請するときは、Cの登記識別情報を要するか？

答　要しない（令5.3.28－533）。

3 所有者不明土地（建物）管理命令

　裁判所が所有者不明土地（建物）管理命令を発令したときは、裁判所書記官が、職権で、その対象である不動産を目的として、所有者不明土地（建物）管理命令の登記を嘱託する。

設問7

　所有権の登記がない甲建物を目的として、所有者不明建物管理命令が発令された。所有者不明建物管理人は、Ｘである。所有者不明建物管理命令の登記をする前提として、Ｘは、甲建物の所有権保存登記の申請を要するか？

　要しない。
　所有者不明土地（建物）管理命令は、処分の制限の登記に当たるため、登記官が、職権で所有権保存登記をする（令5.3.28－533）。
　→表題登記すらないときは、登記官が、職権で表題登記および所有権保存登記をする。

宿題　甲土地の所有者Ａが死亡し、その相続登記が未了のまま、唯一の相続人であるＢを行方不明者とする所有者不明土地管理命令が発令されたときは、その旨の登記の前提として相続登記を要するか？

◆一問一答◆
問　管理不全土地（建物）管理命令が発令された場合、管理不全土地管理命令の登記がされるか？

答　登記されない。

この点、所有者不明土地（建物）管理命令と相違する。

宿題の解答▼

> 所有者不明土地管理命令の登記の前提として、AからBへの相続登記の申請を要する。この相続登記は、所有者不明土地管理人が、Bの代理人として申請する。

設問 8

　Aを登記名義人とする甲土地を目的として、所有者不明土地管理命令が発令された。所有者不明土地管理人は、Xである。
　Xが、裁判所の許可を得て、甲土地をYに売却したことによる所有権移転登記を申請するときは、Aの登記識別情報の提供を要するか？

要しない（令5.3.28－533）。

裁判所の許可を証する情報を提供することにより、登記の真正が担保されるためである。

また、登記義務者の印鑑証明書および代理権限証明情報として、管理人Xの印鑑証明書を添付する。

●展開●　管理人の印鑑証明書

管理人の印鑑証明書とは、裁判所書記官の作成に係る「所有者不明土地管理人選任及び印鑑証明書」という文書のことであり、Xが所有者不明土地管理人に選任された旨と、裁判所に提出した印鑑を証明するものである。

つまり、この文書1枚が、Xの代理権限を証する情報と印鑑証明書の双方を兼ねるのである。

第8章 ‖ 処分制限の登記

　処分制限の登記の代表例として、差押え、仮差押え、仮処分の登記がある。
以下、順次、解説しよう。

◼1 差押え

　強制競売の開始決定がされた場合、執行裁判所の裁判所書記官が、差押え
の登記を嘱託する。
　登記原因は「何地方裁判所強制競売開始決定」である。

　以下、差押債権者が、いかにして不動産強制競売の申立てをしたのか、そ
の過程について考えておこう。

●展開● 　どの場所の裁判所に行くか（管轄）
　不動産強制執行については、その所在地を管轄する地方裁判所が、執行裁
判所となる（民事執行法44条1項）。

宿題1 ‖ 　不動産強制競売の開始決定を、二重にすることができるか？

●展開● 　いかなる書類の提出を要したか（不動産強制競売の開始の要件）
　一般に、強制執行開始の要件は、債務名義の存在、執行文の付与、債務名
義の債務者への送達の3つである（民事執行法25条、29条）。
　したがって、次の文書の提出を要する。

1．執行文の付与された債務名義の正本
2．送達証明書

　なお、債務名義の定義について、民事執行法22条を見ておいてほしい。

宿題 2　強制執行は、執行文の付された債務名義の正本に基づいて実施すると規定されている（民事執行法25条本文）。

ところで、執行文の付与を要しないものとされる例外はあるか？

なお、意思表示の擬制のケースは考慮しないものとする。

設問 1

差押え、仮差押えの登録免許税額はいくらか？

債権額の 4 ／1000である（登録免許税法別表1.1(5)）。

設問 2

強制競売の手続により、買受人が所有権を取得するのはいつか？

また、その際には、いかなる登記が嘱託されるか？

買受人は、代金を納付したときに不動産を取得する（民事執行法79条）。

買受人が代金を納付したときは、裁判所書記官は、次に掲げる登記および登記の抹消を嘱託しなければならない（民事執行法82条 1 項）。

1．買受人の取得した権利の移転の登記
2．売却により消滅した権利または売却により効力を失った権利の取得もしくは仮処分に係る登記の抹消
3．差押えまたは仮差押えの登記の抹消

以上の登記を同一の申請情報で嘱託する。

たとえば、次のような嘱託情報となる。

登記の目的	所有権移転
	1 番差押抹消
	2 番仮差押抹消
	3 番抵当権抹消
	4 番地上権抹消
原因	年月日強制競売による売却（日付は代金納付の日）

なお、登録免許税額は、所有権移転分（不動産価額の20／1000）のほか、抹消登記分（不動産の個数×1000円）となる。

　添付情報は、売却許可決定があったことを証する情報と、住所証明情報のみでよい。

　　→嘱託による登記の場合、登記識別情報、資格証明情報、代理権限証明情報の提供を要するケースはない（定理）。

設問 3

　差押債権者の氏名または住所変更の登記は、嘱託によりするのか、申請によりするのか？

　申請によりすべきである。仮差押債権者、仮処分債権者の場合も、同様である。

宿題の解答▼

宿題 1

　できる。

　強制競売または担保権の実行としての競売の開始決定がされた不動産について強制競売の申立てがあったときは、執行裁判所は、さらに強制競売の開始決定をする（民事執行法47条1項）。

　なお、不動産強制執行には、強制競売の他、強制管理の方法があるが、この2つの方法を併用することも可能である（民事執行法43条1項）。

宿題 2

　執行文を要しない債務名義として、次の場合がある（民事執行法25条ただし書）。

1．少額訴訟における確定判決
2．仮執行の宣言を付した少額訴訟の判決
3．支払督促

　　→なお、上記の債務名義による強制執行であっても、承継執行の場合には、承継執行文を要する。

2 仮差押え

　不動産に対する仮差押えの執行は、仮差押えの登記をする方法または強制管理の方法により行う。これらの方法は、併用することができる（民事保全法47条1項）。

　仮差押えの登記をする方法による仮差押えの執行については、仮差押命令を発した裁判所が、保全執行裁判所として管轄する（同条2項）。

　仮差押えの登記は、裁判所書記官が嘱託する（同条3項）。

　以上のように、仮差押えの登記は、発令裁判所がそのまま保全執行裁判所として管轄することになる。

　さて、次の問題を考えて、仮差押命令が発せられるまでの手続の基本を、この際だから理解してしまおう。

第2部　各論

宿題1　上記の発令裁判所は、不動産の所在地を管轄する裁判所であるといえるか？

宿題2　仮差押命令は、担保を立てることを条件として発令されることが通常だが、その供託管轄はどこか？

宿題3　仮差押債務者である所有権登記名義人は、仮差押命令が発せられるまでに裁判所に呼び出されたことがあるか？

宿題の解答▼

> **宿題1**
>
> 　発令裁判所は、不動産の所在地を管轄する裁判所であるとは限らない。
>
> 　保全命令事件は、本案の管轄裁判所または仮に差し押さえるべき物もし

くは係争物の所在地を管轄する地方裁判所が管轄する（民事保全法12条）。

　前記の、保全命令とは、仮差押命令および仮処分命令のことである。

　したがって、仮差押命令は、本案の管轄裁判所または仮に差し押さえるべき物の所在地を管轄する地方裁判所が管轄することになる。

　このうち、本案の管轄裁判所は、民事訴訟法の規定により管轄が決まるから、不動産の所在地を管轄する裁判所であるとは限らない。
　→債務者の普通裁判籍を管轄する裁判所等の可能性がある。

宿題2

　民事保全法の供託管轄は、一般論として、担保を立てるべきことを命じた裁判所または保全執行裁判所の所在地を管轄する地方裁判所の管轄区域内の供託所である（民事保全法4条1項）。

　なお、次に挙げる民事保全法14条2項の特則に注意を要する。

　「遅滞なく第4条第1項の供託所に供託することが困難な事由があるときは、裁判所の許可を得て、債権者の住所地又は事務所の所在地その他裁判所が相当と認める地を管轄する地方裁判所の管轄区域内の供託所に供託することができる。」
　→これは、緊急に保全命令を発する必要が認められるときの救済手段であると考えればよい。
　→急所は、民事保全法14条2項の特則は、保全命令を発するケースにしか適用がないことである。

宿題3

　仮差押債務者は、仮差押命令が発せられるまでに裁判所に呼び出されたことがない可能性が高い。
　→仮差押命令は、債務者には「寝耳に水」で発せられることが通常である。
　→これを保全命令の「密行性」という。

　仮差押命令を発するときに、口頭弁論または債務者が立ち会うことができる審尋の期日を設ける必要はないものとされているのである。

《関連事項》仮の地位を定める仮処分

　仮の地位を定める仮処分を発するときは、原則として、口頭弁論または債務者が立ち会うことができる審尋の期日を設けることを要する（民事保全法23条3項）。

→密行性がない。

　仮の地位を定める仮処分（たとえば、出版差止めの仮処分）は、いわゆる満足的処分であり、債務者への影響が甚大であるためである。
　なお、後述する、登記請求権を保全するための処分禁止の仮処分は、係争物に関する仮処分であり、密行性が認められている。

参考先例

　処分制限の登記をする場合、嘱託情報の内容として持分の記載を要しない（昭35.8.20－842）。

　破産財団に属する不動産について差押の登記をすることができない（昭32.8.8－1431）。

→破産手続と強制競売手続は相容れないのである。

　買戻権に対して仮差押の登記を嘱託することができる（昭41.4.16－326）。
→差押え、仮差押えは、カネの問題だから、換価できるものであれば対象とすることができるのである。

　差押債権者の住所氏名等に係る秘匿決定のある債務名義により差押の登記が嘱託されたときは、その住所氏名等を「代替住所Ａ（何地令何ワ第何号）」「代替氏名Ａ（何地令何ワ第何号）」として登記する（令5.2.13－275）。

→仮差押債権者、仮処分債権者の場合も同じである。

3 仮処分

登記請求権を保全するための処分禁止の仮処分は、下記の2つに大別される。

1. 仮処分単発型

所有権（または抵当権、地上権その他の権利）の移転および抹消登記請求権、所有権変更、更正登記請求権等を保全するケースなど、保全仮登記併用型ではないケースは、すべて、仮処分単発型に分類される。

→仮処分の登記は所有権を目的とするときは主登記で、所有権以外の権利を目的とするときはこれらの権利に付記してなされる。

2. 保全仮登記併用型

所有権以外の権利の、保存、設定、変更登記請求権を保全するための仮処分は、仮処分の登記と保全仮登記を併用するカタチで仮処分の執行をする。

→仮処分の登記は甲区に主登記でされる。乙区には保全仮登記が登記される。

◆一問一答◆

問 抵当権の移転請求権を保全するための仮処分の登記は単発型か、保全仮登記併用型か？

答 単発型である。保全仮登記併用型は、所有権以外の権利の保存・設定・変更登記請求権を保全する場合のみである。

《関連事項》登録免許税

処分禁止の仮処分の登録免許税額は、課税標準価額に4／1000を掛けたものとなる。

課税標準価額は次のとおり。

1. 所有権移転登記請求権保全の場合　　　不動産の価額
2. 地上権等の設定登記請求権保全の場合　不動産の価額の2分の1
3. （根）抵当権設定登記請求権保全の場合　債権額（または極度額）

なお、保全仮登記併用型の場合でも、保全仮登記の分の登録免許税を別途

支払うことは要しない。
　→仮処分の登記と保全仮登記は、一体のものだからである。

以下、上記の 2 つについて順次解説する。

1．仮処分単発型
　処分禁止の仮処分の登記がされても、仮処分債務者がその権利を処分（譲渡、担保提供等）することはできる。

　しかし、これらの登記は、仮処分債権者が保全した登記請求権に係る登記をする場合、その登記に係る権利の取得または消滅と抵触する限度において、その債権者に対抗することができない（民事保全法58条 1 項）。

　そして、この場合、仮処分債権者は処分禁止の登記に後れる登記を抹消することができる（同条 2 項）。
　→これが「仮処分による失効」による単独抹消の登記である。

◀ポイント▶　対抗できない限度
　仮処分債権者が保全した登記に係る権利の取得または消滅と「抵触する限度において」対抗できないのである。
　→上記の「抵触する限度において」という部分が重要なところである。

設問 1
> 　Aが甲に対する所有権一部移転登記請求権（この持分 3 分の 1 ）を保全するために処分禁止の仮処分をした後に、甲が乙に所有権移転登記をした。
> 　Aが本案で勝訴をし、その確定判決に基づき所有権一部移転登記をするとき、乙の権利を抹消することができるか？

抹消登記をすることができない。
乙の権利は、Aが取得する持分の限度で、Aの権利に抵触するにすぎない。
このため、Aは、「仮処分による一部失効」を登記原因として、乙の登記

を所有権の3分の2に更正する登記を申請することができるにとどまる。

設問2

　　Aが甲に対する所有権移転登記請求権を保全するために処分禁止の仮処分をした後に、甲が乙に所有権移転登記をした。

　　その後、Aと甲が共同して所有権移転登記を申請する場合、Aは乙の権利を「仮処分による失効」により単独で抹消することができるか？

できる。

　民事保全法58条2項は、「仮処分債権者が保全した登記請求権に係る登記をする」場合に仮処分に後れる登記を抹消することができると規定しているが、その登記を、判決による単独申請のケースに限定していない。

設問3

　　仮処分債権者が、保全した登記請求権に係る登記をする場合、処分禁止の仮処分の登記は職権により抹消されるか？

　仮処分債権者が、仮処分に後れる権利を単独で抹消したときは、登記官が職権で、処分禁止の仮処分の登記を抹消する（不動産登記法111条3項）。

　仮処分に後れる権利が存在しないなど、後れる権利が単独で抹消されないときは、仮処分債権者の申立てにより、裁判所書記官が、処分禁止の仮処分の登記の抹消を嘱託する（民事保全規則48条1項）。

　　→なお、仮処分に後れる権利の抹消は、仮処分債権者の権利ではあるが、義務ではない。

設問4

　　仮処分による失効による登記をするとき、申請情報と併せて提供すべき情報は何か？

　通知をしたことを証する情報のほか、代理権限証明情報のみで足りる。

　上記の通知とは、民事保全法59条が規定する、抹消される登記の権利者へ

の通知のことである。

　→単独抹消の前提として「消すぞ」という通知をすることを要するのである。

《関連事項》通知の発送先

　上記の通知は、これを発する時の権利者の登記簿上の住所（または事務所）に宛てて発することができる。

　この場合、その通知は、遅くとも、これを発した日から 1 週間を経過した時に到達したものとみなされる（民事保全法59条 2 項）。

　→実際には、到達しなくても、法律の規定により到達とみなされる。

　→なお、上記のみなし規定を使ったときは、通知を発してから 1 週間が経過した後に申請をすることを要する。

参考先例

　仮登記に基づく本登記を禁じる旨の仮処分の登記を嘱託することができない（昭30.8.25－1721）。

　→登記請求権保全の仮処分の登記はできるが、登記を禁じる旨の登記はできない。

　甲からＸへの売買による所有権移転登記を申請する前に甲が死亡し、Ｘが甲の相続人に対して処分禁止の仮処分命令を得たときは、債務者の表示および登記義務者の表示が「被相続人甲の相続人乙」となっていれば、処分禁止の仮処分の登記の前提として、相続登記をすることを要しない（昭62.6.30－3412）。

　→甲の生前売買のケースだから、甲→乙の相続は発生していないのである。

　被相続人名義の不動産について、その相続人の 1 人に対して処分禁止の仮処分命令を得たときは、処分禁止の仮処分の登記の前提として、相続登記をすることを要する（昭49.2.12－1018）。

　所有権の処分禁止の仮処分の登記がされた後に、仮処分の前に登記された根抵当権についての移転登記や債権の範囲の変更登記がされた場合、仮処分債権者は、その登記を単独で抹消することができない（平9.1.29－150）。

　→仮処分に抵触する権利とはいえない。

所有権の処分禁止の仮処分の登記がされた後に、仮処分に先順位の抵当権に基づく差押の登記がされている場合、仮処分債権者は、その登記を単独で抹消することができない（昭58.6.22-3672）。

→当該差押登記は、仮処分債権者に対抗することができるため。

2．保全仮登記併用型

保全仮登記併用型では、仮処分債権者はその仮登記を本登記にすることにより、自己の登記請求権を実現することになる。

設問5

抵当権設定保全仮登記がされている場合、仮処分債権者が、その登記を本登記にするときに、これに後れる登記を単独で抹消する場合はあるか？

ない。

基本的に、抵当権は順位が保全されればその目的を達することができる。

《関連事項》（根）抵当権設定請求権保全の処分禁止の仮処分の登録免許税額

甲登記所管轄のA不動産と、乙登記所管轄のB不動産に（根）抵当権設定請求権保全の処分禁止の仮処分をする。

まず、A不動産に仮処分の登記をした後、B不動産に仮処分の登記をする際に、登録免許税法13条2項の減税を受けることができるだろうか？

これについては、以下の結論となる。

1．抵当権の場合

登録免許税法13条2項の減税を受けることができる。

2．根抵当権の場合

登録免許税法13条2項の減税を受けることができない。

→その理由は、根抵当権は、仮登記の段階で共同担保となることはないためである。

設問 6

　地上権設定保全仮登記がされている場合、仮処分債権者が、その登記を本登記にするときに、これに後れる登記を単独で抹消する場合はあるか？

　ある。

　保全仮登記により保全された権利が、地上権、永小作権、賃借権など不動産の使用または収益をするものであるときの特例である。

　この場合、保全仮登記を本登記にするときに、仮処分に後れる登記で不動産の使用もしくは収益をする権利（所有権を除く）またはその権利を目的とする権利の取得に関する登記を単独で抹消することができる（民事保全法58条 4 項）。

→たとえば、賃借権設定保全仮登記を本登記にするとき、これに後れる賃借権を、仮処分による失効により、単独抹消できる。

設問 7

　地上権設定保全仮登記がされている場合、仮処分債権者が、その登記を本登記にするときに、仮処分に後れる次の登記を単独で抹消することができるか？
1．使用収益をしない旨の特約のない不動産質権設定登記
2．地役権設定登記
3．抵当権設定登記
4．所有権移転登記

　いずれも単独で抹消することができない。

　不動産質権は、使用収益権を地上権に対抗できないものとして存続する。

　また、 2 および 3 の権利は、そもそも「不動産の使用もしくは収益をする権利」に当たらないから単独抹消の対象ではない。

　4 については、地上権者にとって地主が誰であるかは、どうでもよい話である。

　仮処分債権者に対する債権者が、抵当権設定保全仮登記を差し押えることができるか？

　できない。
　一般的に、差押えの登記は、換価できる（カネに換えられる）ものであれば何を目的としてもよい。
　担保権の被担保債権、買戻権、2号仮登記など、何でもござれである。
　しかし、保全仮登記は仮処分と一体の処分制限の登記だから、これを換価することはできない。

　抵当権設定保全仮登記がされている場合、仮処分債権者が、その登記を本登記にするときに、甲区の、処分禁止の仮処分の登記は、職権により抹消されるか？

　職権により抹消される。
　保全仮登記を本登記にする申請がされた場合、処分禁止の仮処分の登記は、例外なく、登記官の職権により抹消される（不動産登記法114条）。

参考先例

　保全仮登記の登記事項に錯誤がある場合、当事者が保全仮登記の更正登記をすることはできない（平2.11.8－5000）。
　→仮処分命令の内容である登記事項を、申請で更正することはできない。

第9章 ▐ 工場抵当、抵当証券

1 工場抵当法2条の抵当権

工場抵当法2条の抵当権は、機械器具目録に記録すべき事項を提供して、申請をする。

機械器具目録は、登記官が作成する。

目録上の機械等には、抵当権の効力が及ぶことが公示されるのである。

この抵当権は、普通抵当権と、機械器具目録の提出の点を除けば、相違点がない。

設問1

普通抵当権を、工場抵当法2条の抵当権に変更する登記を申請することができるか?

できる。

機械器具目録に記録すべき事項を提供して、変更登記をすればよい。

また、逆に、工場抵当法2条の抵当権を普通抵当権に変更することもできる。

→要するに、兄弟のようなものである。

設問2

機械器具目録の変更登記は、いかにして申請するか?

工場所有者が単独申請で行う。

これは、工場内の機械については、工場所有者が最も詳しいことを理由とする。

ただし、変更登記をするためには、抵当権者の同意情報の提供を要する。

また、抵当権者が工場所有者に代位して行うことも認められる。

なお、登録免許税額は、不動産1個につき1000円である。

→この点、普通抵当権の変更登記と、何ら相違がない。

281

2 工場財団

　工場財団の登記の問題を考えるときは、工場財団登記簿と、工場財団を構成する組成物件の登記簿（普通の登記簿）を分けて考えることが重要である。

　工場財団は、工場を構成する複数の不動産等を、一の不動産とみなして、これに抵当権を設定する仕組みである。
　大規模な融資に対応するための方法である。

　工場財団の所有権保存登記（工場財団登記簿に登記される）をすると、これを構成する個々の不動産の登記簿（普通の登記簿）に、職権により、工場財団に属した旨の登記がされる。

| 確認事項 | 工場財団に属した旨の登記の実行形式 |

　所有権が工場財団に属したとき　　　　　主登記
　地上権、賃借権が工場財団に属したとき　付記登記

　なお、工場財団に属した旨の登記の前提として、工場財団に属すべき不動産について所有権保存登記（普通の登記簿）がされていることを要する（工場抵当法12条）。

　工場財団の組成物件は、工場財団目録に記録され、公示されることになる。

◆一問一答◆

問　地上権、賃借権が敷地権となったときの敷地権たる旨の登記は、主登記か付記登記か？

答　主登記である。

設問1
工場財団の組成物件となることができない物件はあるか？

他人の権利の目的であるもの、差押え、仮差押え、仮処分の目的であるもの、すでに他の工場財団を組成する物件を、工場財団の組成物件とすることができない（工場抵当法13条1項、8条2項）。

要するに、他人の権利の目的物は、工場財団の組成物件とならない。

他人の権利が介在すると、工場財団に設定された抵当権によって一体として競売することが不可能となるためである。

第2部 各論

参考先例

工場に属する不動産のみを組成物件として、機械・器具を含めない工場財団を設定することができる（昭33.11.4−2289）。

→なお、機械・器具のみの工場財団は、不可。

土地建物の共有持分を工場財団の組成物件とすることができる（昭33.7.15−346）。

買戻特約の登記がされた不動産を工場財団の組成物件とすることができない（質疑登研331 P 69）。

設問2

工場財団の所有権保存登記について考えよう。
1．登録免許税額はいくらか？
2．工場財団の所有権保存登記が効力を失うことはあるだろうか？

1について

財団の数1個について、金3万円である（登録免許税法別表1.5(1)）。

2について

保存登記をした後、6か月以内にその工場財団を目的とする（根）抵当権が設定されなかったときは、工場財団の所有権保存登記はその効力を失う（工場抵当法10条）。

工場財団は、もともと、抵当権を設定するための仕組みだから、肝心の抵当権が設定されないのであれば、効力が失われるのである。

《関連事項》工場財団の所有権保存の申請情報には工場財団の表示として次の記載をする
・工場の名称および位置
・主たる営業所
・営業の種類
　このほか、工場財団目録に記載すべき事項を明らかにして、申請をする。
　→登記官が、工場財団目録を作成し、これが公示される。

設問 3
工場財団の抵当権設定登記を申請する場合、登録免許税額はいくらか？

債権額の2.5／1000である。
なお、工場財団と他の不動産を共同抵当とすることができるが、この場合、税率は、2.5／1000でよい。

また、工場財団に設定された抵当権の移転登記の税率は、1.5／1000である。

設問 4
工場財団目録の変更登記は、どのように申請するか？

工場所有者の単独申請である（抵当権者の承諾を要する）。
登録免許税額は、財団の数1個について金6000円である（登録免許税法別表1.5(7)）。

設問 5
工場財団の所有権移転の登記をすることができるか？
また、賃借権設定の登記はどうか？

工場財団について所有権移転の登記をすることはできる。

この場合、個々の組成物件についても、各々、移転登記をすべきことになる。

→なお、個々の組成物件のみの所有権移転登記は、することができない（工場財団の所有者と食い違いが生じてしまうから）。

→また、個々の組成物件の差押え、仮差押え、仮処分も不可である。

工場財団について賃借権設定の登記をすることはできない。

工場財団登記簿の乙区には、抵当権の登記しかすることができないのである。

しかし、実体法の問題としては、工場財団を抵当権者の同意を得て賃貸することは可能である（工場抵当法14条2項但書）。

また、抵当権者の同意を得て、工場財団の組成物件を賃貸することも可能であり（工場抵当法13条2項但書）、この場合、個々の組成物件の登記簿（ごく普通の不動産登記簿）に、賃借権設定の登記をすることができることに注意を要する。

◆一問一答◆

問　次のうち登記を申請することができるのはいずれか？

　　1．工場財団の賃借権設定登記

　　2．工場財団の組成物件の賃借権設定登記

答　2の「工場財団の組成物件の賃借権の設定登記」である。

3 抵当証券

抵当証券は、抵当権の被担保債権を証券化したものである。

抵当証券の所持人が、抵当権者となる。

抵当証券は、転々流通することが予定されるため、一般の投資家の保護をする必要が生じることになる。

抵当証券は、次の2つの条件を満たすときに発行することができる。

1．抵当証券発行の特約がある。
2．抵当権が、土地、建物、地上権を目的としている。

→永小作権を目的とする抵当権が除外されている。

◀ポイント▶　抵当権者

　抵当証券が発行された場合、その所持人が抵当権者である。

　したがって、抵当権の移転、変更、抹消登記などの登記をするときは、申請情報と併せて、抵当証券の提供を要する。

→このほか、不動産登記法66条、68条、72条、109条が、抵当証券の所持人または裏書人の承諾情報の提供を要求していることにも注意を要する。

【設問1】

　抵当証券を発行できない場合を挙げよう。

　次の場合がある。
1．抵当権が根抵当権であるとき
　　特定債権との結びつきがないから証券化できない。
2．抵当権が仮登記抵当権、未登記抵当権であるとき
　　いずれも、対抗力がないから、投資家の保護ができない。
3．債権差押えや仮差押え、抵当権の処分禁止もしくは、転抵当の登記があるとき
　　危なくて一般に売り出せない。
4．債権または抵当権に解除条件が付されているとき
　　買戻特約に後れる抵当権は、この条項に当たるので、抵当証券を発行することができない。

【設問2】

　抵当証券が発行される場合の登記事項を挙げよう。

　普通抵当権の登記事項のほか、次のものがある。

1．抵当証券の発行の定め
2．元本または利息の弁済期または支払場所

設問3

抵当証券は、誰が発行するのか？

登記官である。

いくつかの管轄にまたがる共同抵当権の場合、抵当証券発行の申出は、そのうちの、一の登記所の登記官にすれば足りる。

なお、抵当証券の交付申請をするときは、担保の十分性を証する情報の提供を要する。

これも、投資家の保護が制度の趣旨である。

参考先例

共同担保の関係にある抵当証券の発行がされた抵当権のうち、一部の抹消登記をするときは、担保の十分性を証する情報の提供を要する（平1.10.16－4200）。

抵当証券が発行されている抵当権について、その順位が下がる順位変更の登記をするときは、担保の十分性を証する情報の提供を要する（平1.10.16－4200）。

設問4

抵当証券が発行されている場合、抵当権の債務者の氏名、名称または住所の変更の登記は誰が申請するのか？

債務者である（不動産登記法64条2項）。

この場合、氏名等の変更を証する公文書を申請情報と併せて提供することを要する。

→もちろん、抵当証券の提供は要しない。

一般に、抵当証券の発行された抵当権の変更登記は、抵当証券および抵当証券の所持人または裏書人の承諾を証する情報を提供して申請をするが、債務者の氏名、名称または住所の変更の場合には、その手間を省き、債務者が自ら変更登記をすることを認めたという趣旨である。

参考先例

　数個の不動産を目的とした共同抵当権について、抵当証券が発行されている場合、「解除」により全部の抵当権を抹消することができない（平10.7.27－1391）。

　→抵当証券が発行されているときは、債務が残存する場合、抵当権の抹消を認めることができない。

第10章 ‖ 信託の登記

信託には3人の登場人物がある。

委託者、受託者、受益者である。

委託者が、自己の財産を受託者に信託し、信託財産から生じる利益を受益者に分配するのである。

なお、委託者と受益者が同一人物の場合もある。

委託者と受託者が同一の場合（自己信託）も可能である。

設問1

X が、Y に甲不動産を信託した。
1．登記の目的と原因はどうなるか？
2．登記の申請は共同申請によるか、単独申請によるのか？
3．登録免許税額はどうなるか？

1について

「登記の目的　所有権移転及び信託」となる。

本事例は、一の申請情報で、2つの別個の登記を申請するという、特殊な事例となる。

なお、登記原因は、単に「年月日信託」でよい。

《関連事項》信託目録

信託の登記を申請するときは、信託財産目録に記載すべき情報の提供を要する（不動産登記令別表65）。これにより、登記官が信託目録を作成する。

なお、受益者の住所氏名は、信託目録に記録される（ただし、受益者の定めがない場合など受益者の氏名または名称および住所が記録されないときもある。不動産登記法97条2項、1項2号〜6号参照）。

◆ポイント◆　受益者は、登記名義人ではない。

したがって、受益者に登記識別情報が通知されることはない。

2について

　所有権移転については、共同申請である。

　信託の登記は、受託者（Y）の単独申請である。

　→共同申請と単独申請の登記が一の申請情報に同居することとなる。

【ポイント】　信託の登記はその抹消を含めて、必ず、受託者（Y）の単独申請である（定理）。

　→なお、委託者または受益者が、受託者に代位して信託の登記をするケースは存在する。

3について

　「信託」を登記原因とする所有権移転登記は非課税である（登録免許税法7条1項1号）。

　→「信託」の場合、形式的に所有権は移転するが、受託者に、これによる利得が発生しないから、非課税とされている。

　信託の登記は、不動産価額の4／1000の税額となる。

　→本件不動産の課税価額が金1000万円とすると登録免許税額は、所有権移転分0円＋信託登記分4万円で、合計金4万円となる。

〈参考条文〉　不動産登記法98条（信託の登記の申請方法等）

　　1項　信託の登記の申請は、当該信託に係る権利の保存、設定、移転又は変更の登記の申請と同時にしなければならない。

　以下は、XがY信託株式会社に甲不動産の所有権を信託したときの申請情報の内容である。

```
登記の目的　　所有権移転及び信託
原因　　　　　年月日信託
権利者（信託登記申請人）　　Y信託株式会社　代表取締役　何某
義務者　　　　X
```

```
添付情報      登記原因証明情報
             登記識別情報
             印鑑証明書
             住所証明情報
             資格証明情報
             信託目録情報
             代理権限証明情報
課税価格      金1000万円
登録免許税    金4万円
             移転分   非課税（登録免許税法第7条第1項第1号）
             信託分   金4万円
```

設問2

　XがYに金銭を信託した。

　Yが、その金銭でZから不動産を買った。

1．登記の目的と原因はどうなるか？

2．登記の申請は共同申請によるか、単独申請によるのか？

3．登録免許税額はどうなるか？

1について

　「登記の目的　所有権移転及び信託財産の処分による信託」となる。

　「信託財産の処分による信託」は、信託財産である金銭を処分し、これにより取得した不動産を信託財産にするという意味である。

　登記原因は、「年月日売買」である。

2について

　所有権移転については、YとZの共同申請である。

　信託の登記は、受託者（Y）の単独申請である。

3について

「売買」を登記原因とする所有権移転登記は不動産価額の20／1000の税額となる。

　信託の登記は、不動産価額の４／1000の税額となる。

　→本件不動産の課税価額が金1000万円とすると登録免許税額は、所有権移転分20万円＋信託登記分４万円で、合計金24万円となる。

　以下は、Ｙ信託株式会社が信託財産の処分によってＺから不動産を買ったときの申請情報の内容である。

```
登記の目的　　所有権移転及び信託財産の処分による信託
原因　　　　　年月日売買
権利者（信託登記申請人）　　Ｙ信託株式会社　　代表取締役　　何某
義務者　　　　Ｚ
添付情報　　　登記原因証明情報
　　　　　　　登記識別情報
　　　　　　　印鑑証明書
　　　　　　　住所証明情報
　　　　　　　資格証明情報
　　　　　　　信託目録情報
　　　　　　　代理権限証明情報
課税価格　　　金1000万円
登録免許税　　金24万円
　　　　　　　移転分　金20万円
　　　　　　　信託分　金４万円
```

《関連事項》受託者が信託の登記をしない場合

　上記の、信託財産を処分することによる信託のケースで、Ｙが売買による所有権移転の登記のみをしてしまったらどうなるか？

　当該不動産は、Ｙの固有財産として公示されてしまう。

　そこで、法は、「受益者又は委託者は、受託者に代わって信託の登記を申請することができる」と規定する（不動産登記法99条）。

　債権者代位により、信託の登記をすることができるのである。

　→後記の、信託財産の原状回復による信託において、受託者が信託の登記をしな

いときにも、同様に代位による信託登記をすることができる。

《関連事項》信託財産の原状回復による信託

受託者が任務を怠ったため信託財産に変更が生じ、受益者が信託財産の原状の回復を請求したときは、第三者から受託者への所有権移転登記と信託の登記を申請することができる。

申請情報の内容は次のようになる。

```
登記の目的　所有権移転及び信託財産の原状回復による信託
原因　　　　年月日売買
```

●ポイント●　信託財産の原状回復による信託の登記は、信託財産の処分による信託の登記と同じようなものと考えれば足りる。

設問3

Yは、Xから信託を受けた甲不動産を第三者Zに売った。
1. 登記の目的と原因はどうなるか？
2. 登記の申請は共同申請によるか、単独申請によるのか？
3. 登録免許税額はどうなるか？

1について

「登記の目的　所有権移転及び何番信託登記抹消」となる。

不動産はZの固有財産になるから、信託登記を抹消する。

登記原因は、「年月日売買」である。

2について

所有権移転については、YとZの共同申請である。

信託登記の抹消は、受託者（Y）の単独申請である。

3について

　「売買」を登記原因とする所有権移転登記は不動産価額の20／1000の税額となる。

　信託登記の抹消は、不動産1個について金1000円である。

　→本件不動産の課税価額が金1000万円とすると登録免許税額は、所有権移転分20万円＋信託登記抹消分1000円で、合計金20万1000円となる。

　以下は、Y信託株式会社が信託財産である甲不動産をZに売ったときの申請情報の内容である。

登記の目的	所有権移転及び何番信託登記抹消
原因	年月日売買
権利者	Z
義務者	Y信託株式会社　代表取締役　何某
添付情報	登記原因証明情報
	登記識別情報
	印鑑証明書
	住所証明情報
	資格証明情報
	代理権限証明情報
課税価格	金1000万円
登録免許税	金20万1000円
	移転分　金20万円
	信託登記抹消分　金1000円

〈参考条文〉　不動産登記法104条（信託の登記の抹消）

1項　信託財産に属する不動産に関する権利が移転、変更又は消滅により信託財産に属しないこととなった場合における信託の登記の抹消の申請は、当該権利の移転の登記若しくは変更の登記又は当該権利の登記の抹消の申請と同時にしなければならない。

2項　信託の登記の抹消は、受託者が単独で申請することができる。

設問4

　信託が終了したことにより、Yは、Xから信託を受けた甲不動産の所有権を委託者または受益者に移転することとなった。
1．登記の目的と原因はどうなるか？
2．登記の申請は共同申請によるか、単独申請によるのか？
3．登録免許税額はどうなるか？

1について

　「登記の目的　所有権移転及び何番信託登記抹消」となる。

　委託者または受益者の固有財産となるから、信託登記を抹消する。

　登記原因は、「年月日信託財産引継」である。

2について

　所有権移転については、YとX（または受益者）の共同申請である。

　信託の登記の抹消は、受託者（Y）の単独申請である。

3について

　「信託財産引継」を登記原因とする所有権移転登記は不動産価額の20／1000の税額となる。

　信託登記の抹消は、不動産1個について金1000円である。

　→本件不動産の課税価額が金1000万円とすると登録免許税額は、所有権移転分20万円＋信託登記の抹消分1000円で、合計金20万1000円となる。

　以下は、Y信託株式会社が信託財産である甲不動産を受益者Xに移転したときの申請情報の内容である。

登記の目的	所有権移転及び何番信託登記抹消
原因	年月日信託財産引継
権利者	X
義務者	Y信託株式会社　代表取締役何某
添付情報	登記原因証明情報

```
              登記識別情報
              印鑑証明書
              住所証明情報
              資格証明情報
              代理権限証明情報
   課税価格    金1000万円
   登録免許税  金20万1000円
              移転分    金20万円
              信託登記抹消分　金1000円
```

ただし、次の例外があるので注意を要する。

【ポイント】 以下の場合、「信託財産引継」を登記原因とする所有権移転登記が非課税となる（登録免許税法7条1項2号）。

1. 信託の効力が生じたときから引き続き委託者のみが信託財産の元本の受益者であるとき。
2. 受託者から受益者（信託の効力が生じたときから引き続き委託者である者に限る）に権利を移転するとき。

上記の2つの条件を満たすと、非課税となる。

もともと、「信託」による所有権移転が非課税であったが、委託者の他に信託財産の元本の受益者のいない信託において、これを元に戻す場合（委託者に移転する）にも、実質的な権利移転とはいえないために非課税となるのである。

→行きがタダなら帰りもタダの原理。

設問5

　Yは、Xから信託を受けた甲不動産を、自己の固有財産とすることにした。

1. 登記の目的と原因はどうなるか？
2. 登記の申請は共同申請によるか、単独申請によるのか？
3. 登記義務者の登記識別情報の提供を要するか？

4．登録免許税額はどうなるか？

1について

　「登記の目的　受託者の固有財産となった旨の登記及び何番信託登記抹消」となる。

　受託者の固有財産となるから、信託登記を抹消する。

　登記原因は、「年月日委付」である。

| 登記の目的　受託者の固有財産となった旨の登記及び何番信託登記抹消 |
| 原因　　　　年月日委付 |

2について

　所有権変更（受託者の固有財産となった旨の登記）については、Yと受益者の共同申請である。

　信託の登記の抹消は、受託者（Y）の単独申請である。

3について

　登記義務者の登記識別情報の提供を要しない（不動産登記法104条の2第2項後段）。

　受益者には、もともと、登記識別情報が通知されていないためである。

4について

　受託者の固有財産となった旨の登記は、不動産価額の20／1000の税額となる。

　信託登記の抹消は、不動産1個について金1000円である。

→本件不動産の課税価額が金1000万円とすると登録免許税額は、所有権変更分20万円＋信託登記の抹消分1000円で、合計金20万1000円となる。

→受託者の固有財産となった旨の登記は、所有権の変更登記であるが、定率課税となる。その理由は、もともと、X→Yに信託による所有権移転登記をしたときに非課税であったから、これをYの固有財産にするときはきちんと税金を支払えということである。

以下、重要ポイントを記す。

◀ポイント▶　変更登記を主登記でする場合

信託関連の登記では、変更登記を必ず主登記でする事案が多い。

以下、その例を示す。

1．受託者の固有財産となった旨の登記
2．信託併合（分割）
3．自己信託

◀ポイント▶　登記義務者の登記識別情報の提供を要しない場合

信託関連の登記では、受益者が登記義務者となることがある。

この場合、受益者の登記識別情報の提供は不要である（不可能だから）。

以下、その例を示す。

1．受託者の固有財産となった旨の登記
2．信託併合（分割）

《関連事項》信託併合または信託分割の登記

甲不動産が、受託者を同一とするＡ信託からＢ信託に属することとなった場合、信託併合（分割）の登記をすることができる。

この場合、受託者が同一であるから、移転ではなく、所有権の変更登記をする。

「登記の目的　信託併合（分割）により別信託の目的となった旨の登記、何番信託登記抹消及び信託」

登記原因は、「年月日信託併合（分割）」

3つの登記を一の申請情報でする。

1．信託併合（分割）により別信託の目的となった旨の登記。
2．何番信託登記抹消→Ａ信託の信託登記を抹消している。
3．信託→Ｂ信託の登記である。Ｂ信託の信託目録に記載すべき情報の提供を要する。

　申請人は、登記権利者をB信託の受益者と受託者、登記義務者をA信託の受益者と受託者とする（不動産登記法104条の2第2項3号）。

　この場合も、登記義務者のうち、A信託の受益者は、登記識別情報の提供を要しないことになる。

設問6

　Xは自己の所有する甲不動産を、受益者をYとして、自らに信託した。

1．登記の目的と原因はどうなるか？
2．登記の申請は共同申請によるか、単独申請によるのか？
3．登記義務者の登記識別情報の提供を要するか？　また、登記原因証明情報としていかなる情報を要するか？
4．登録免許税額はどうなるか？

第2部　各論

　本事例が、自己信託である。

　たとえば、X（資産家）がY（幼児）に甲不動産を贈与したいが、Yに管理能力がないため、これを自己に信託し、その受益者をYとするのである。

　これにより、当該不動産は、Xの責任財産から抜け落ちるため（Xが破産しても甲不動産は破産財団に属しない）、詐害行為目的での本制度の利用を防止する趣旨で、自己信託は原則として公正証書でこれをしなければ効力を生じないものとされている（信託法4条3項）。

1について

　「登記の目的　信託財産となった旨の登記及び信託」となる。

　登記原因は、「年月日自己信託」。

2について

　信託財産となった旨の登記、信託の登記のいずれもX（受託者）の単独申請である（不動産登記法98条2項・3項）。

3について

　信託財産となった旨の変更登記について、登記識別情報の提供を要する（不動産登記令8条1項8号）。

単独申請であるにもかかわらず、登記識別情報を提供する例である。

確認事項 **登記識別情報を提供する単独申請**

　単独申請であるが、登記識別情報の提供を要する場合は、他に、所有権保存登記の抹消、仮登記権利者がする仮登記の抹消のケースがある。

　また、自己信託による信託の登記の登記原因証明情報は、公正証書の謄本等である（公正証書限定ではない）。

　→詳細は、不動産登記令別表65イ。

4について

　信託財産となった旨の変更登記は金1000円。

　信託の登記は、不動産価額の4／1000の税額となる。

　→本件不動産の課税価額が金1000万円とすると登録免許税額は、所有権変更分金1000円＋信託登記分4万円で、合計金4万1000円となる。

設問7

　受託者の任務が終了し、その権利義務が新受託者に承継される場合、いかなる登記をすべきか？
　1．受託者が1人であり、新受託者に権利義務が承継される場合
　2．受託者が複数であり、そのうちの1人の任務が終了した場合

1について

　所有権移転登記を申請する。

2について

　合有登記名義人変更登記を申請する。

　→登記は、付記で実行される。

《関連事項》**持分の記載の要否**

　信託による所有権移転登記で、受託者が複数いる場合でも、その持分は登記されない（不動産登記令3条9号カッコ書）。

→合有だからである。

《関連事項》登録免許税

　受託者の任務終了による受託者更迭の登記は、非課税である（登録免許税法7条1項3号）。

設問8

　受託者の任務が終了し、その権利義務が新受託者に承継される場合、所有権移転（または合有登記名義人変更）登記を、新受託者が単独申請することができる場合を挙げよう。

　旧受託者の任務が次の理由により終了したケースがある（不動産登記法100条1項・2項）。
1．受託者が死亡したとき
2．受託者に後見開始、保佐開始の審判があったとき
3．受託者に破産手続開始決定がされたとき
4．法人の合併以外の理由による解散
5．裁判所、主務官庁の解任命令

　上記以外の理由により旧受託者の任務が終了したときは、共同申請となる。
　受託者の任務が、解任、辞任、信託行為により定めた事由の発生により終了した場合が、これに当たる。
　→「解任」の場合も共同申請であることに注意しておこう。

設問9

　次の登記を申請することができるか？
1．所有権保存及び信託の登記
2．地上権設定及び信託の登記
3．抵当権設定及び信託の登記

いずれも申請することができる。

甲乙共有のA不動産の甲持分について、丙を受託者とする持分移転登記と信託の登記がされた場合、乙がA不動産の持分を放棄したときは、丙を登記権利者として乙持分の移転登記と信託の登記を一の申請情報で申請する（昭33.4.11－765）。

権利能力なき社団を受益者とする信託の登記をすることができない（昭59.3.2－1131）。

第11章 登録免許税

以下、登録免許税についての基本を考察する。

第2部 各論

設問1

所有権移転登記の登録免許税率が、4／1000となるケースを挙げよう。

登録免許税法の規定によると、次の2つである。
1. 相続または合併による移転の登記
2. 共有物分割による移転の登記

登録免許税法は、上記以外の所有権移転登記の税率を、20／1000としている。

以上であるが、それぞれ個別の考察を要する。

1について
「相続がらみ」のケースで、税率が4／1000となるケースがある。

1. 遺産分割
   →「遺産分割」という登記原因は、いったん共同相続の登記をした後に、相続人間で遺産分割をした場合の持分移転登記に係る登記原因である。
   →相続人間の権利移転であるため、相続がらみに当たり税率が低い。
2. 遺贈
   →申請人（登記権利者）が相続人である場合に限る。
   →相続人であることを証する情報の提供を要する。

以上である。

「死因贈与」「会社分割」による登記は、いずれも、税率は20／1000である。

→「死因贈与」が、相続人に対してされた場合も、減税にはならない。

2について

「共有物分割」の場合に、税率が4／1000となるのは、共有者間に実質的な権利の移転がない一定の場合に限られる。それ以外の場合の税率は20／1000となる。

→詳細は、登録免許税法施行令9条1項。

設問2
要役地が1筆、承役地が2筆の、地役権の抹消登記の登録免許税額はいくらか？

地役権の登記は、設定の際に、承役地の数1個につき金1500円という規定がある。

しかし、その変更、更正、抹消には、特段の規定がない。

したがって、不動産1個につき金1000円となるが、この場合、不動産とは登記を申請する不動産の個数を意味するから、承役地の数ということになる。

したがって、設問のケースで、登録免許税額は、金2000円となる。

設問3
1番2番3番抵当権抹消登記の登録免許税額はいくらか？

わが国では、租税法律主義が採用されているから、徴税は、法律の規定により行う。

その登録免許税法には、抹消登記は「不動産の個数を課税標準とし、税額は1個につき金1000円」（同一の申請書により20個を超える登記の抹消をする場合には、申請書の件数1件につき金2万円）と明記されている（登録免許税法別表1.1⒁）。

したがって、設問のケースで、登録免許税額は、金1000円となる。

→消す権利の数は税額と関係がない。

→上記のカッコ書は、抹消登記に独自の規定である。

設問 4

　　1番根抵当権の債務者と債権の範囲を一の申請情報で変更する登記を
申請する場合、登録免許税額はいくらか？

不動産1個につき金1000円である。

登録免許税法の規定は、以下のとおりである。

「付記登記、抹消された権利の回復の登記または登記の更正もしくは変更
の登記」について、「不動産の個数を課税標準とし、税額は1個につき金1000
円」と規定している（登録免許税法別表1.1(14)）。

設問 5

　　登記の更正もしくは変更の登記が定率課税となる例を挙げよう。

次のような例がある。

1．根抵当権の極度額の増額変更
2．抵当権の債権額の増額変更
3．所有権一部移転登記を所有権移転登記に更正するとき

設問 6

　　地上権設定仮登記を申請するときの登録免許税額はいくらか？

不動産価額の5／1000である。

もともと、用益権の設定・転貸・移転（相続を原因とするものを除く）の
登記の登録免許税率は、所有権移転の税率の2分の1（10／1000）であるが、
本事例は仮登記だから、さらに2分の1となる。

設問 7

　　所有権保存仮登記の登録免許税額はいくらか。

不動産価額の2／1000である。

→仮登記なので、所有権保存登記の税率の2分の1となる。

設問 8

申請する権利の数が、課税標準となるケースがあるか？

次の 2 つがある。

1. 抵当権の順位変更

   抵当権の件数 1 件につき金1000円

2. 賃借権の抵当権に優先する同意

   賃借権および抵当権の件数 1 件につき金1000円

設問 9

抵当権の債権額を減額する更正登記をする場合、債権額の差額について、登録免許税の還付の請求をすることができるか？

できない。

抵当権の設定について所定の税額を、更正登記について所定の税額を徴収するのは当然であると、国家は考える。

→所有権移転登記を、所有権一部移転登記に更正するときも、登録免許税の還付はされない。

設問10

二重に登記された所有権保存登記のうちの 1 つが職権抹消された場合、登録免許税の還付はされるか。

還付される。

国家は、タダ取りはしない。

なお、登録免許税の過誤納の場合も、還付される。

設問11

登記を申請する者が 2 人以上いる場合、登録免許税の納付義務は誰に生じるか？

2 人以上の者が連帯して納付する義務を負う（登録免許税法 3 条）。

（参考先例）

地上権、永小作権、賃借権等の存続期間が満了しているときでも、登録免許税法17条4項の適用がある（昭42.7.26－794）。

→これらの用益権者が、所有権を取得したときの登録免許税の税率が2分の1に軽減される。

→過去、用益権者となったときに、所定の税額を納めたという歴史は消えないため。

登記の完了した後に、非課税または減税の証明を提出して、登録免許税の還付を請求することができない（昭42.7.22－2121）。

第12章 | 登記の申請から実行の手続

登記の申請は、次のいずれかの方法により行う（不動産登記法18条）。

1．申請情報をオンラインで提供する方法
2．申請情報を記載した書面（磁気ディスクを含む）を提出する方法

登記の申請を郵送ですることもできるが、これは、上記の2の申請方法に含まれる。

申請情報が書面に記載されているためである。

設問1

当事者の意思または法令の規定によることなく、登記の申請が同時に行われるケースはあるか？

ある。

郵送の申請書が、同時に到達した場合である。

オンライン申請については、申請情報（データ）が、登記所に到達したときに自動的に受付番号が付される（平17.2.25－457）ため、オンライン申請と書面申請の同時到達ということはない。

また、書面申請を登記所の窓口で行うときにも、同時ということはない。

しかし、郵送の申請書は、同時に到達することがある。

→郵便配達員等が、複数の申請書を同時に配達したとき。

この場合、同一の受付番号が付される（不動産登記法19条3項後段）。

また、2以上の申請の到達の前後が不明な場合も、同時に申請されたものとみなされる。

設問2

　同一の不動産に関し同時に2以上の申請がされた場合において、申請に係る登記の目的である権利が相互に矛盾するときはどのような処理がされるか。

申請の双方を却下する（不動産登記法25条13号、不動産登記令20条6号）。
→なお、却下事由を見落として、登記をした場合には、職権抹消の対象となる（不動産登記法71条1項）。

以下、オンライン申請の仕組みについて概説する。

この方式には、本則と附則がある。

本則の方式は使用がいちじるしく困難であるため、当分の間という限定をつけて附則の方法を置いたという歴史がある。

本則　オンライン申請と書面申請を峻別する方法

オンライン申請をする場合、添付情報のすべてを併せて送信しなければならない。

添付情報に書面が1つでも含まれれば、オンライン申請はできないのである。

この場合、申請情報、添付情報いずれにも、作成者の電子署名を要する。

登記の取下げ、補正等もオンラインで行う。

また、登記完了後の登記識別情報の通知も、オンラインで行う。

附則　申請情報だけをデータ化すれば、添付情報は書面で送付することを以て足りる。

申請情報の作成者（司法書士）が、申請情報をデータ化して法務省に送信する。

この際、登記の真正の疎明資料として、登記原因証明情報のデータ（PDFファイル）を一緒に送信することを要する。

→このデータに、作成者（登記義務者等）の電子署名は不要。

申請の際に、他の添付情報で、オンラインで送信できるものがあれば、オンラインで送信すればよい。

　→なお、登記識別情報の提供はオンラインでしなければならない。

　しかし、書面により作成した添付情報は、後日（申請から2営業日以内）、登記所に持参または送付すればよい。

　この場合、書面により作成した添付情報の補正は書面で行うこととなるし、また、申請時に登記識別情報の通知を通知書（書面）で行うべき申出をすれば、書面で登記識別情報を受領することができる。

　そして、書面申請の場合と同様に、登記識別情報通知書の交付を、郵送で受けることもできる。

　なお、以上の手続で、司法書士は、次に挙げる特別の委任を受けている必要がある。

・登記識別情報の暗号化に関する件
・登記識別情報の交付を受ける件
・登記識別情報の交付を通知書で受ける件
・登記識別情報通知書を送付の方法で交付を受ける件

　→登記所から登記識別情報をデータで送信を受ける場合には、登記識別情報の復号化に関する件の委任を受けることをも要する。

　なお、附則の方式を、俗に「半ライン」という。

　書面で郵送すれば1回ですむ手続を、わざわざ、オンラインの部分と、書面の部分に分けて複雑化したものである。

《関連事項》登記義務者が登記識別情報を提供しないで登記を申請したときの法務局からの事前通知に対する申出の方式

　委任状がデータ化されているときは、事前通知への申出は、委任状データの作成者が委任状データを作成したときと同じ電子署名をした上でオンラインで行う。

　しかし、委任状が書面の場合は、委任状に押印した印鑑（実印）と同一の

印鑑を押印した書面で申出をすることになる。

《関連事項》郵送で受領できるもの

上記のように、書面申請のときも附則によるオンライン申請のときも登記識別情報通知書を郵送で受領することができる。

このほか、登記完了証、登記事項証明書（かつての登記簿謄本に当たる）、原本還付書類の還付も郵送で受けることができる。

この結果、司法書士が、登記所にいく回数は激減している。

なお、オンライン申請をしたときは（附則の場合を含む）、登記完了証は登記所からデータで送信されることとなる。

また、登記事項要約書（登記記録に記載された内容の概要を記載した書面不動産登記法119条2項）は、歴史的に登記簿がデータ化される前の「閲覧」に当たるからこれを郵送で受けるという仕組みはない。

《関連事項》管轄外の不動産の登記事項の証明

登記事項証明書は、請求する不動産を管轄しない登記所にその交付を求めることができる（不動産登記法119条4項）。

→横浜の登記所で、鹿児島の不動産の登記事項証明書の交付を受けることができる。

しかし、登記事項要約書は、登記簿の「閲覧」の現代版だから、管轄外の不動産について交付の請求をすることができない。

設問3

司法書士甲は、AとBの委任を受けて売買による所有権移転登記の申請をした。
1．登記の取下げは、いつまで可能か？
2．取下げのための委任状を要するか？

1について

登記が却下されるかまたは完了するまでは、取下げをすることができる。

登記の完了とは、登記簿への登記記録の記録の後に、登記官が識別番号を記録したときを意味する。

→紙の登記簿の時代は、登記官が校合印（ハンコ）をつくことが登記の完了であったが、「識別番号を記録」とはハンコの代わりである。

2について

補正のための取下げであれば不要である。

しかし、申請の撤回のための取下げのときは、ＡＢの双方からの取下げの委任状の提供を要する。

取下げをすると、登記の申請はなかったものとみなされる。

そこで、偽造書面や不正登記のために用いられたおそれのある書面などの例外を除き、申請書と添付情報はすべて返却されることになる。

このため、登録免許税の納付のために、申請書に貼り付けた収入印紙等について、再使用証明を受けることができる（なお、現金還付を受けることも可。ただし、税務署を経由するので時間がかかる）。

→登録免許税を電子納付した場合には、収入印紙という物体が存在しないから、再使用の仕組みはない。

→なお、半ラインのケースで、登録免許税の納付を収入印紙等で行ったときは、再使用証明を受けることができる。

再使用証明を受けた印紙等は、当該登記をした登記所において１年を経過する間、使用することができる。

→他の登記所での使用は、不可である。

なお、上記において、１年が経過しても、還付請求権が消滅時効にかからなければ、現金還付の請求をすることができる。

→還付請求権の消滅時効期間は、その請求をすることができる日から５年である。

設問4

　　不動産登記の取下げにおいて再使用証明を受けた印紙等を、当該登記所での商業登記の申請に使用することができるか？

できる（質疑登研393 P 87）。

参考先例

再使用証明を受けた印紙を使用して登記申請をしたが、その申請を取り下げたときは、申請人は、再度、再使用の申出をすることができる（昭43.1.8－3718）。

設問5

　不動産登記の申請をしたが、その内容に却下事由があった。
1．登記は、すぐに却下されるか？
2．却下された場合、収入印紙等の再使用を求めることができるか？

1 について

　補正が可能であれば、補正の機会が与えられるので、登記官が定めた相当の期間内に補正をすれば、申請が却下されることはない（不動産登記法25条ただし書）。

《関連事項》却下の方式

　登記官が、理由を付記した決定で、登記の申請を却下する。

→却下決定書を、申請人ごとに交付する（代理人により申請がされた場合は、代理人に交付すれば足りる）。

2 について

　再使用を求めることはできない。

　登記の申請が却下された場合、添付書面は原則として返却されるが、申請書は返却されない。

　このため、申請書に貼った収入印紙も返却されないから、その再使用を求めることはできない。

　登記が却下された場合には、登録免許税の返金は、現金還付を受ける方法によるしかない。

第13章 嘱託による登記

嘱託による登記は、官公署が権利を取得するとき（買上げ）と、私人が権利を取得するとき（払下げ）のケースがある。

いずれも、官公署が登記を嘱託する。

<hr>

設問 1

所有権移転登記を申請する場合に必要となる添付情報のうち、官公署が甲土地を買い上げるときも、払い下げるときも、嘱託による登記では不要となるものは何か？

<hr>

次の添付情報が不要となる（定理）。

1. 登記識別情報
2. 資格証明情報
3. 代理権限証明情報

【ポイント】 以下の設問では、官公署には、住所証明書も、印鑑証明書も存在しないことを念頭に置くとよい。

<hr>

設問 2

この他、買い上げる場合に不要となる情報は何か？

<hr>

不要となるのは、住所証明情報である。

官公署に住所証明書は存在しない（たとえば横浜市の住所証明書は観念できない）。

しかし、買上げの場合には、相手方である私人の承諾情報の提供を要する。

この承諾情報を書面で作成するときは、作成者の実印による押印と印鑑証明書の提供を要する。

なお、上記の印鑑証明書は現実に提供することを要し、たとえば、横浜市民のＡが市の買上げについて承諾書に実印で押印したときに、横浜市長がそ

の承諾書の押印はＡの印鑑に相違ないという奥書をすることはできないとされている。

　→横浜市とＡが対立関係にあるケースだからである。

　Ａの印鑑証明書は承諾情報の一部であり、登記義務者が申請書または委任状に押印した印鑑に係るものではない（Ａはそもそも申請書等に押印していない）から、作成後３か月以内であることは要しない。

設問3

　買い上げのケースにおいて登記識別情報は通知されるか？

　また、登録免許税は課税されるか？

　登記識別情報は、原則として、通知されない。

　ただし、通知を要する旨の申出があれば、通知される。

　登録免許税は、国等が権利を取得するケースだから、非課税である。

確認事項　国等のする登記が非課税となる場合

　次のケースである。

1．国等が、自己のために受ける登記（登録免許税法4条1項）

2．国等が、これら以外の者に代位してする登記（登録免許税法5条1号）

　→たとえば、国等が、相続人への滞納処分による差押えの前提として相続登記を債務者に代位して行う場合、登録免許税は非課税である。

　→なお、国等とは、国および登録免許税法別表第2の法人をいう（別表は、各自参照のこと）。

設問4

　設問1のほか、払下げの場合に不要となる情報は何か？

　登記義務者である官公署の印鑑証明書が不要である。

　→横浜市の印鑑証明書など存在しない。

なお、登記権利者である私人の住所証明情報は提供を要する（昭43.4.1－209）。

登記を受けるのが私人だから、要することが当然といえる。

設問5

払下げのケースにおいて登記識別情報は通知されるか？
また、登録免許税は課税されるか？

登記識別情報は嘱託人である官公署に対して通知される（不動産登記法117条1項）。

官公署はこれを、遅滞なく、登記権利者に通知をする（同条2項）。

また、登録免許税は、もちろん課税される。

→国等が自己のために登記を受けるケースに当たらない。

第14章 審査請求

登記官の処分またはその不作為については、審査請求をすることができる。

たとえば、登記官のした登記の却下処分について、これに不服がある者が、その処分の是正を求めて審査請求をするのである。

また、登記官が処分を行わないときに、その不作為に係る処分をすることを求めて審査請求をする。

審査請求は、処分またはその不作為をした登記官の所属する法務局または地方法務局の長に対してする。

たとえば、東京法務局何出張所の登記官のした処分またはその不作為について、東京法務局長に審査請求をする。

以下、東京法務局何出張所の登記官Xがした、登記申請の却下処分を前提に、審査請求の問題を考えていこう。

第2部 各論

設問1

司法書士が審査請求の代理をする場合、そのための特別の授権を要するか？

また、審査請求書は、いつまでに、どの登記所に提出するのか？

司法書士には、登記または供託に関する審査請求の代理権がある（司法書士法3条1項3号）が、その委任は、登記申請の件とは別に受ける必要がある。

→特別の授権を要する。

審査請求書は、東京法務局何出張所に提出する。

審査請求は、（処分をした）登記官（X）を経由してしなければならないためである（不動産登記法156条2項）。

→審査請求の申立ては、他の法律に口頭ですることができる旨の定めがある場合

を除き、書面を提出してしなければならない（行政不服審査法19条1項）。
　→オンラインによることも可。

　なお、審査請求について、時期の制限はない（不動産登記法158条が、行政不服審査法18条1項の規定を準用していない）。
　したがって、不服申立人は、審査請求の利益がある限り、いつでも審査請求をすることができる。

参考先例　⟡⟡⟡⟡⟡⟡⟡⟡⟡⟡⟡⟡⟡⟡⟡⟡⟡⟡⟡⟡⟡⟡⟡⟡⟡⟡⟡⟡⟡⟡⟡⟡⟡⟡
登記申請書の保存期間が満了しても、登記官の処分を不当として、審査請求をすることができる（昭37.12.18－3604）。
⟡⟡

《関連事項》申請情報と添付情報の保存期間
　不動産の権利に関する登記の申請情報と添付情報の保存期間は、受付の日から30年間である（不動産登記規則28条10号）。

設問2

　　登記の申請の却下処分を不当とする審査請求書の提出を受けた登記官Xは、次の場合、どうすればよいか？
　1．審査請求の内容を、相当と認めたとき（Xが間違いを認めたとき）。
　2．自分のした却下処分は、正しいと思うとき。

1について
　相当の処分（申請の受理）をすればよい（不動産登記法157条1項）。
　→もともと、Xには、登記を受理する権限がある。

2について
　審査請求の日から3日以内に、意見を付して事件を東京法務局長に送付しなければならない（不動産登記法157条2項）。
　→審査請求は、簡易迅速を旨とする不服申立手段だから、3日という短い期限が切られている。

《関連事項》不作為に係る審査請求の場合

　不作為に係る処分を求める審査請求書の提出を受けた登記官は、次のように すべきこととなる。

1．審査請求に係る処分をすべきものと認めるとき。

　　相当の処分をすべきである（不動産登記法157条1項）。

2．処分しないこと（不作為）が、正しいと思うとき。

　　審査請求の日から3日以内に、意見を付して事件を法務局（または地方 法務局）の長に送付しなければならない（不動産登記法157条2項）。

設問3

　　上記の2の場合、東京法務局長は、いかなる処分をすることができる か？

　　Xのした処分を相当と認めるときと、そうでない場合に分けて考えよ う。

　登記官Xの処分を相当と認めるときは、審査請求を棄却する裁決をすれば よい。

　→この場合、再審査請求（法務大臣への不服申立て）は、不可である。基本的に 審査請求の仕組みは1審限りである。

　これに対して、審査請求の内容を相当と認めるときは、登記官（X）に相 当の処分（申請の受理）を命じ、その旨を審査請求人のほか登記上の利害関 係人に通知しなければならない（不動産登記法157条3項）。

　→なお、東京法務局長は、処分を命ずる前に登記官（X）に仮登記を命ずること ができる（同条4項）。

　→仮登記は利害関係人が出現してしまう前に審査請求人のために順位を保全する ためである。

《関連事項》不作為に係る審査請求の場合

　不作為に係る処分を求める審査請求を受けた法務局（または地方法務局の 長）は、次のようにすべきこととなる。

1．登記官Xの不作為を相当と認めるとき。

審査請求を棄却する裁決を行う。

そして、その不作為に係る処分についての申請を却下すべきと認めるときは、登記官Xに申請の却下を命じる（不動産登記法157条5項）。

2.　登記官Xの不作為に係る処分をすべきものと認めるとき。

登記官Xに相当の処分を命じる。

この他、審査請求人や利害関係人への通知を行い、また、処分を行う前に登記官に仮登記を命じることもできる。

審査請求をする場合、「審査請求の利益」がその要件となる。

審査請求は登記官の処分の是正を求める手段であるので、当該登記官にその「是正の権限」がないときは審査請求の利益がない。

設問4

> 登記に必要な添付情報を欠き却下事由に該当する登記であるにもかかわらず、登記官がこれを受理して登記を完了したときは、これを不服とする申請人は審査請求をすることができるか？

できない。

この場合、申請人は、登記の抹消を求めることになるが、登記官の職権抹消の権限は、不動産登記法25条1号から3号または13号の却下事由がある場合に限定される（不動産登記法71条1項）。

設問の事例は、9号却下の案件であるから、登記官に是正処分（職権抹消）の権限がない。

《関連事項》登記官の処分の内容

審査請求をすることができる登記官の処分は、登記の申請に係るものに限定されない。たとえば、登記事項証明書の交付や登記簿の閲覧に係る処分について審査請求をすることもできる。

設問 5

　次の場合、甲は審査請求をすることができるか？
1．売買による所有権移転登記が却下された場合の売主甲。
2．債権譲渡による抵当権移転登記が却下された場合の設定者甲。

1について

　審査請求をすることができる。

　甲には、実体法のレベルで、登記引取請求権が認められる。

2について

　審査請求をすることができない（大決大6.4.25）。

　抵当権移転登記について、設定者には直接の利害関係がないため、審査請求の利益が否定される。

設問 6

　登記官のした処分について、審査請求以外の不服申立ての手段は存在するか？

　もちろん存在する。

　もし、存在しなければ、憲法違反である。

憲法76条

2項後段　行政機関は、終審として裁判を行ふことができない。

　具体的には、行政訴訟法を根拠に、登記官の処分の取消訴訟（または無効等確認の訴え）を提起すればよい。

　→審査請求の裁決後に、裁決取消訴訟を提起してもよい。

　なお、登記事件について、審査請求前置主義は採用されないため、登記官の処分に不服のある者は、先に審査請求をしてもよし、審査請求をせずに取消訴訟を提起してもよし、また、両方の手続を一緒に行ってもよい。

　要するに自由自在である。

参考先例
　債権者が代位してした登記が債務者の申請により抹消された場合、代位債権者は審査請求をすることができる（大決大9.10.13）。

第15章 法定相続情報証明制度

相続関係の手続きにおいて使用される戸籍事項証明書、除籍や原戸籍の謄本など（以下、戸籍類という）の内容を簡略化した文書の保管を法務局に申し出ることができる仕組みが存在する。

その文書を法定相続情報一覧図という。

法務局には、法定相続情報一覧図つづり込み帳が備え付けられ、そこに申出人が提出した法定相続情報一覧図などの文書が保管されることとなる。

相続手続の簡略化に貢献することがその目的といってよく、たとえば、相続登記において、法定相続情報一覧図の写し（登記官の認証のある公文書）を提供することにより、戸籍類の提供を要しないこととなる。

設問1

　申出人は、法定相続情報一覧図の保管を、どの場所の法務局に申し出るべきか。

次のいずれかの場所の管轄登記所である（不動産登記規則247条1項）。

1. 被相続人の本籍地
2. 被相続人の最後の住所地
3. 申出人の住所地
4. 被相続人を所有権の登記名義人（または表題部所有者）とする不動産の所在地

設問2

　次のうち、法定相続情報一覧図に、必ず、記載しなければならない事項はどれか。また、記載することができない事項はどれか。

1. 被相続人の最後の住所
2. 被相続人の最後の本籍
3. 被相続人の死亡の年月日
4. 被相続人と相続人の続柄

> 5．各相続人の相続分
> 6．被相続人及び相続人の生年月日
> 7．相続人の住所

　必ず、記載しなければならない事項は、1及び3、4と6である。

　記載することができない事項は、5である。

　2と7は任意的記載事項である。

　なお、法定相続証明情報一覧図に記載のある事項については、法定相続情報一覧図の保管の申出に併せて、これを証する公文書の提出を要することとなる。

　また、被相続人と相続人の続柄については、原則として、「妻」「長男」「養子」など戸籍上の続柄を記載するが、「配偶者」「子」といった簡略記載も認められる。なお、代襲相続では「孫」「代襲者」などと記載すればよい（あくまでも、被相続人との続柄を記載する）。

◆一問一答◆

問　数次相続の場合に、被相続人から最終の相続人への承継を示す一通の法定相続情報一覧図を作成することができるか。

答　作成できない。法定相続情報一覧図には、相続人を記載すべきであり、相続人の相続人を記載することはできない。

設問3

　相続登記の添付情報として、法定相続情報一覧図の写しを提供する場合、これをもって被相続人の死亡時の住所を証する住民票の除票の写しの提供に代えることができるか。また、法定相続情報一覧図の写しに相続人の住所の記載がある場合の住所証明情報についてはどうか。

　いずれも、法定相続情報一覧図の写しの提供をもって、これらの情報の提供に代えることができる。

設問4

法定相続情報一覧図つづり込帳に保存期間の定めがあるか。

ある。

作成の年の翌年から5年間である（不動産登記規則28条の2第6号）。

この間、申出人は、法定相続情報一覧図の写しの交付を請求することができる（再交付も可）。

→なんと無料である。

なお、申出人以外の相続人は、申出人からの委任状なしに法定相続情報一覧図の写しの交付を請求することはできない。

◆一問一答◆

問　申出人が、法定相続情報一覧図の写しの交付を請求する場合、その申出書に利用目的と通数の記載を要するか。

答　要する。利用目的に応じた通数のみ交付される。

設問5

次の者は、法定相続情報一覧図に相続人として記載すべきか。
1．相続欠格者
2．相続を放棄した者
3．廃除された者

法定相続情報一覧図は、戸籍類の代わりという位置付けである。

したがって、戸籍類から判明する相続人を記載する。

具体的には、相続欠格者、相続放棄者の記載を要するが、廃除された者の記載は要しない（前二者は戸籍には記載されない。しかし、廃除は戸籍に記載されるためである）。

索　引

判例索引

登記研究質疑応答

MEMO

司法書士

山本浩司のオートマシステム プレミア ③
不動産登記法＜第8版＞

2012年12月 5 日　初　版　第 1 刷発行
2024年 4 月25日　第 8 版　第 1 刷発行

著　　者　　山　　本　　浩　　司
発 行 者　　猪　　野　　　　　樹
発 行 所　　株式会社　早稲田経営出版
　　　　　　〒101-0061 東京都千代田区神田三崎町3-1-5
　　　　　　　　　　　　　　　　神田三崎町ビル
　　　　　　電 話 03 (5276) 9492 (営業)
　　　　　　FAX 03 (5276) 9027
印　　刷　　株式会社　ワ　　コ　　ー
製　　本　　株式会社　常　川　製　本

© Koji Yamamoto 2024　　　Printed in Japan

ISBN 978-4-8471-5155-2
N.D.C. 327

本書は，「著作権法」によって，著作権等の権利が保護されている著作物です。本書の全部または
一部につき，無断で転載，複写されると，著作権等の権利侵害となります。上記のような使い方を
される場合，および本書を使用して講義・セミナー等を実施する場合には，小社宛許諾を求めてく
ださい。

乱丁・落丁による交換，および正誤のお問合せ対応は，該当書籍の改訂版刊行月末日までといたし
ます。なお，交換につきましては，書籍の在庫状況等により，お受けできない場合もございます。
また，各種本試験の実施の延期，中止を理由とした本書の返品はお受けいたしません。返金もいた
しかねますので，あらかじめご了承くださいますようお願い申し上げます。

書籍の正誤に関するご確認とお問合せについて

書籍の記載内容に誤りではないかと思われる箇所がございましたら、以下の手順にてご確認とお問合せをしてくださいますよう、お願い申し上げます。

なお、正誤のお問合せ以外の**書籍内容に関する解説および受験指導など**は、一切行っておりません。
そのようなお問合せにつきましては、お答えいたしかねますので、あらかじめご了承ください。

1 「Cyber Book Store」にて正誤表を確認する

早稲田経営出版刊行書籍の販売代行を行っている
TAC出版書籍販売サイト「Cyber Book Store」の
トップページ内「正誤表」コーナーにて、正誤表をご確認ください。

CYBER TAC出版書籍販売サイト
BOOK STORE

URL：https://bookstore.tac-school.co.jp/

2 1 の正誤表がない、あるいは正誤表に該当箇所の記載がない ⇒ 下記①、②のどちらかの方法で文書にて問合せをする

★ご注意ください★

お電話でのお問合せは、お受けいたしません。
①、②のどちらの方法でも、お問合せの際には、「お名前」とともに、
「対象の書籍名（○級・第○回対策も含む）およびその版数（第○版・○○年度版など）」
「お問合せ該当箇所の頁数と行数」
「誤りと思われる記載」
「正しいとお考えになる記載とその根拠」
を明記してください。
なお、回答までに1週間前後を要する場合もございます。あらかじめご了承ください。

① ウェブページ「Cyber Book Store」内の「お問合せフォーム」より問合せをする

【お問合せフォームアドレス】

https://bookstore.tac-school.co.jp/inquiry/

② メールにより問合せをする

【メール宛先　早稲田経営出版】

sbook@wasedakeiei.co.jp

※土日祝日はお問合せ対応をおこなっておりません。
※正誤のお問合せ対応は、該当書籍の改訂版刊行月末日までといたします。

乱丁・落丁による交換は、該当書籍の改訂版刊行月末日までといたします。なお、書籍の在庫状況等により、お受けできない場合もございます。
また、各種本試験の実施の延期、中止を理由とした本書の返品はお受けいたしません。返金もいたしかねますので、あらかじめご了承くださいますようお願い申し上げます。

早稲田経営出版における個人情報の取り扱いについて
■お預かりした個人情報は、共同利用させていただいているTAC（株）で管理し、お問合せへの対応、当社の記録保管にのみ利用いたします。お客様の同意なしに業務委託先以外の第三者に開示、提供することはございません（法令等により開示を求められた場合を除く）。その他、共同利用に関する事項等については当社ホームページ（http://www.waseda-mp.com）をご覧ください。

（2022年7月現在）